禅が教えてくれる
美しい人をつくる「所作」の基本

枡野俊明
masuno
shunmyo

幻冬舎

禅が
教えてくれる
美しい人をつくる「所作」の基本

はじめに　――所作を整えれば、心も体も生き方も美しくなる

私は禅僧です。禅というものに、みなさんがどんな印象をお持ちなのかわかりませんが、余計なものを極限まで削ったシンプルさのなかに、本質を突く鋭さと深さ、広がりを持ったものだと思います。

私は、「禅の庭」のデザイン・設計をする仕事もしていますが、禅の心を形に表したものが「禅の庭」です。「禅の庭」（京都・龍安寺の石庭などが有名ですが、日本中にたくさんあります）を見たときに、美しいと思わない人はいないと思います。禅について知らなくても、「禅の庭」に向き合っていると、その美しさに心が落ち着き、穢《けが》れが落ちて、清らかになると感じる人は多いでしょう。

現代は、ものと情報があふれ、変化が激しく、消費のスピードも速い。そのなかで、日本本来の美しさがどんどん失われていくように感じられます。

しかし、日本人はずっと、芯からにじみ出る美しさ、過剰ではないが揺るがない強さ

を秘めた美しさを持って生きてきました。

はたして、それはどんな美しさなのでしょうか——。

それは、禅の視点でお話しすると、よくわかります。禅には、人が美しく生きるための、ものすごくたくさんの知恵が詰まっているからです。

「威儀《いぎ》即仏法《そくぶっぽう》　作法《さほう》是宗旨《これしゅうし》」

という禅の言葉があります。すべての動作について、礼儀作法にかなった身のこなしをすることが、そのまま仏法である。すなわち、日常生活の立ち居振る舞いそのものを整えることが、そのまま禅の修行である、という意味です。

禅は、「行住坐臥《ぎょうじゅうざが》」すべてが修行です。立っても座っても、寝ても歩いても——すなわち、人間の立ち居振る舞いそのものが、すべて修行ということです。言い方を変えれば、禅の修行とは、私たちの「所作のすべてを整えること」なのです。

心を整えるために、まずみずからの所作を整えることから入るのが禅の修行です。立ち居振る舞いが整えば、自然と心も整う。心が穏やかであれば、言葉にやさしさや思いやりがにじみ出てくるものです。

逆に、立ち居振る舞いが乱れていると、心も乱れ、自然と言葉づかいも乱れてくる。これは自然な流れです。つまり、言葉づかいが攻撃的になったり、身勝手な発言になりやすい。そういう所作を持って生活していると、長い間に社会で敵を多くつくる原因ともなり、これが進むと、気がついたときには、社会から孤立してしまった、なんてことにもなりかねないのです。

所作が整えば、心も綺麗になるし、身のこなしも綺麗になる。そういう人は、他人の目に「美しい人」として映るようになります。何よりも、本人が清々《すがすが》しく生きることができ、心も強くなるのです。

さあ、さっそく、あなたの所作を整えましょう。所作が整えば、心の美しさも、身の美しさも、自然とついてきて、人生が輝き始めますよ。

ブックデザイン　水戸部 功
構成協力　吉村 貴

目次

第一章

なぜ、ワンランク上の人は、〝立っているだけ〟で違うのか？

「立ち居振る舞い」とは何？
なぜ、重要？

「立ち居振る舞い」というと、立ったり座ったりするときの動作、体の動かし方のことだと思っている人が多いかもしれません。たしかに、「あの人の立ち居振る舞いは美しい」という言葉を聞いて連想するのは、軽やかな体の使い方や優雅な身のこなしだと思います。

しかし、立ち居振る舞いとは、単に体の動きというだけではなく、もっと別のものもあらわしているのです。

ふだんのカジュアルな洋服を着ているときと、とっておきのドレスを着てハイヒールを履き（男性なら一張羅のスーツにネクタイを締め）、パーティなどあらたまった場に出席するとき……そんな対照的なシチュエーションをちょっと思い浮かべてみてください。

さぁ、二つの場面での立ち居振る舞い、違ったものにならないでしょうか。カジュアルな装いのときは、立ち居振る舞いもどこかくだけたラフなものになりますし、フォーマルに身を固めたときは、気持ちも引き締まり、丁寧な立ち居振る舞いになるはずです。

このように、着ているものによって立ち居振る舞いが変わるのは、そのときどきで心の有り様、心の状態が変化するからです。つまり、**立ち居振る舞いは心を映し出すもの、心をあらわすもの**、といっていいのです。

立ち居振る舞いについて、本書では主に**「所作」**という言葉を使っていきます。

まず最初に、その**「所作」と「心」が深くかかわっている**ことを知ってください。

所作の美しい人を見て、「素敵だなぁ」「かっこいいなぁ」と感じるのは、そのとき同時に、その人の心の美しさに触れているからです。やさしい所作は心のやさしさのあらわれですし、穏やかな所作には心の穏やかさがあらわれているのです。

また、とりたてて目立つわけでも、特別に美形というわけでもないのに、「素敵だなぁ」と心惹《ひ》かれる人がいますね。なぜ目を奪われるのか、考えてみてください。

おそらく、そういう人は「所作」が美しいのではないでしょうか。**じつは、所作が美しい人ほど、その所作は「さりげない」ものです。わざとらしくなく、美しい所作をするから「なぜだかわからないけれど、心惹かれる」のです。**

私はこれまで、何人もの高僧に会ってきましたが、徳の高い方ほど、美しさがあります。

「所作なんて、形じゃないか！」という考えを持っているとしたら、いますぐそれを捨ててください。

所作を整えることは心を整えること、所作を磨くことは心を磨くことです。そして、ぜひとも知っていただきたいのは、**「心」に比べると、「所作」は整えたり、磨いたりすることが、比較的やさしいということ。**ここはもっとも重要なところです。

美しい所作が、よい「縁」をもたらす理由

仏教では、すべての事柄には〝原因〟があり、そこに〝縁〟という条件が整って、はじめて〝結果〟が生まれる、と考えます。

たとえば、ここにキュウリの種があったとします。その種を納屋にしまったままだったら、いつまで待っていても芽が出ることはありません。

土地を耕し、肥料を畑全体に行き渡らせて種を植えつける。その後も毎日水をやり、雑草を取り除いて、成長するように手をかけていく。そうした条件があってはじめてキュウリが育ち、実りを収穫できる、という結果が得られるのです。

キュウリの種は〝原因〟です。そして、発芽や成長のために欠かせない条件のかかわ

り合いが〝縁〟です。その〝原因〟と〝縁〟がしっかり整ってこそ、〝因縁〟が結ばれ、素晴らしい〝結果〟が出る。あらゆる事柄はそうしてこの世の中に存在している、とするのが仏教の考え方といっていいでしょう。

人間も同じ。人生は縁によって成り立っています。**縁しだいで幸せな人生に向かって歩むこともできるし、逆に不幸を背負い込むことにもなる。**どういう縁を結ぶかで人生は変わっていきます。

「これは私の運命だからしかたがない」

「背負った宿命は変えようがない」

そう考える人がいるかもしれませんが、そんなことはないのです。人生はいつでも、よい縁を結ぶことで幸せな方向に変えられる。私たちの人生は、決して人間の力の及ばないものに支配されているわけではないのです。

ですから仏教では、縁を結ぶこと、すなわち「縁起」を何より大事にします。それによって人生は左右される、と考えるからです。

では、よい縁を結ぶにはどうすればいいのでしょうか。ここはきわめて大切なところです。

仏教は「三業《さんごう》」を整えよ、と教えます。**三業とは「身業《しんごう》」「口業《くごう》」「意業《いごう》」の三つ。つまり、身（体）と口（言葉）、意（心）を整えて生活することで、よい縁を結ぶ条件がそろう**、というわけですね。

一番目の**「身を整える」とは、所作を正しくする、ということ**。姿勢や一つひとつの動作を正すということばかりでなく、正しい法（教え）にしたがって、できるだけ他人のために自分の体を惜しみなく使う。それが身業を整える、ということです。

人間はともすると自分中心の行動をとりがちですが、そうではなくて、まず相手の立場に立ってものを考え、行動するようにつとめることが大切です。

次の**「口を整える」とは、愛情のある親切な言葉を使うこと**です。同じことを伝えるのでも、相手の年齢や立場、また、人柄や力量によって、伝え方は異なって当然。いえ、その人にふさわしい伝え方をすべきなのです。

「この人にはどんな言葉で伝えたらいいのだろう？」

それをつねに考えていくのが口業を整えることになります。

最後の**「意を整える」とは、偏見や先入観を排し、ひとつのことに囚われることなく、どんなときも柔軟な心を保つこと**です。禅ではこれを「柔軟心《にゅうなんしん》」と呼びますが、喩《たと》えるなら、空に浮かぶ雲のように形も流れ方もまったく自由自在な心、といっていいかもしれません。

このように、身、口、意の三業を整えることが、よい〝縁〟を呼び寄せ、結んでいくことに直結するのです。先のキュウリの例でいえば、畑の耕作や肥料を撒《ま》くこと、水やりや日頃の丹精が、人間にとっては三業を整えることにあたります。

いつも三業を整えるという意識を持って生活する。その積み重ねが、私たちの人生を実りの多い、さらに人々から祝福されるものに変えてくれる、といっていいでしょう。

所作は、よりよき人生を築いていくための、そして、美しく生きるための三本柱のひとつです。そのことを肝に銘じてください。

◎本書をお買い上げいただき、誠にありがとうございました。
質問にお答えいただけたら幸いです。

◆「禅が教えてくれる　美しい人をつくる「所作」の基本」を
お求めになった動機は？
①　書店で見て　②　新聞で見て　③　雑誌で見て
④　案内書を見て　⑤　知人にすすめられて
⑥　プレゼントされて　⑦　その他（　　　　　　　　　）

◆著者へのメッセージ、または本書のご感想をお書きください。

今後、弊社のご案内をお送りしてもよろしいですか。

（　はい・いいえ　）

ご記入いただきました個人情報については、許可なく他の目的で使用することはありません。

ご協力ありがとうございました。

郵 便 は が き

お手数ですが、
50円切手を
おはりください。

151-0051

東京都渋谷区千駄ヶ谷 4 -9 -7

(株) 幻 冬 舎

「禅が教えてくれる
美しい人をつくる「所作」の基本」係行

ご住所 〒□□□-□□□□ Tel. (- -) Fax. (- -)		
お名前	ご職業	男
	生年月日 年 月 日	女
eメールアドレス：		
購読している新聞	購読している雑誌	お好きな作家

多くのものは、簡素になればなるほど美しい

所作の美しさの〝原点〞はどこにあると思いますか？　美しく見えるためのテクニックを磨くことでしょうか。それとも、一挙手一投足を「美しく、美しく……」と意識しておこなうことでしょうか。

そうではありません。テクニックは所詮技術ですから、付け焼き刃はすぐにも剝《は》げますし、意識がまさった動きはどこかぎこちなくなってしまうもの。

じつは、美しさは〝簡素〞のなかにあるのです。

禅と深いかかわりを持っているのが枯山水の庭です。私はそのデザインをしていますが、その際、念頭に置いているのは**「いかに余計なものをそぎ落としていくか」**という

ことです。

石と白砂《はくしゃ》だけで構成される枯山水は、素材そのものがすでに簡素といっていいわけですが、当初にイメージしたとおりに石を配し、白砂を敷けば、それだけで表現したい世界が広がるということはありません。

そこからそぎ落とし、さらにそぎ落としていく。その作業に全身全霊を注ぎ込まなければ枯山水は完成しません。これ以上もうそぎ落とすものはない。その段階までいってはじめて、庭に命が吹き込まれます。

枯山水が見るものの心を打つのは、そぎ落とすことによって空間が研ぎ澄まされ、一見、閑《しず》かに見える佇《たたず》まいのなかに、無限の広がりと奥行き、そして緊張感が生まれるからです。まさに「簡素の美」といっていいと思います。

簡素さは美しさの原点であり、そして終着点でもある。簡素になればなるほど美しい。私はそんな実感を持っています。

所作にも、枯山水と同じことがいえるのではないでしょうか。美しく見せようという作為のある所作は、どれほど巧みにその企みを隠したとしても、必ず、どこかにそれが透けて見えてしまいます。

ところが、**作為から離れ、動きの無駄を省いていくと、一つひとつの動きが丁寧に、丁寧になっていく**のです。

丁寧な動きには心がこもります。丁寧に一つひとつをおこなうと、体と心が一体になった美しい所作ができるようになる、といってもいいですね。

実際、禅の老僧のなかには、ただ立っているその立ち姿から、凛《りん》とした美しさが伝わってくる方がいます。お茶を飲む、食事をする……といった日常的ななにげない振る舞いが、流れるように美しいのです。枯山水に共通する「簡素の美」がそこにあります。

そもそも人の「美しさ」とはなんだろう？

「美しい人だな」——誰かにそんな思いを持ったことがあるでしょう。その美しさとはいったいどこからやってくるものなのでしょう。寸分の隙もなくお化粧もし、着飾っているからですか？　「いいえ、それはちょっと違う」という感覚がありませんか？

もちろん、外見はどうでもいいということではありません。しかし、最先端のファッションで装い、高価なものを身につけていたら、それだけで美しいでしょうか。頷《うなず》く人はいないと思います。たとえ、外見はハッとするほど目を惹いても、所作がだらしなかったり、言葉がぞんざいだったりしたら、たちまち美しさは剥がれ落ちてしまいます。いかにもとりつくろっている、という印象を拭えません。

内からにじみ出てくる美しさ。本物とはそういうものでしょう。これぱっかりはファッションやメイクといった〝借り物〟ではどうにもなりません。それは、生き方、生きざまを反映するもの、なまみの人間性を問われるものだからです。

いきいきと生きる。ヒントはそこにありそうです。そのために不可欠なのが前述した「三業を整える」ことです。つまり、内面の美しさを手に入れる鍵は「所作」なのです。まず、所作のもっとも基本になる「姿勢」を正しましょう。そして、しっかり「呼吸」をする。

背筋が曲がって前かがみになった姿勢でいると、胸が圧迫されて呼吸も浅いものになります。緊張しているときがまさにそれ。気持ちがあせって動作もオドオドしてきます。日常的にそんな状態だったらどうでしょう。前向きの気持ちになれるでしょうか。いきいきと生きられますか？

そう、**姿勢や呼吸は、生き方と密接につながっているのです。**にもかかわらず、ふだんなおざりにしている人が少なくありません。

さあ、そこから始めてみませんか？　そして、にじみ出る美しさ、本物の美しさに向かって、着実な一歩を踏み出してください。

所作・呼吸・心は三位一体。イライラしている人に、所作の美しい人はいない

禅には「調身《ちょうしん》、調息《ちょうそく》、調心《ちょうしん》」という言葉があります。禅の修行の根本である坐禅の三要素とされるもので、順に、姿勢を整える、呼吸を整える、心を整える、ということです。この三つがそろうと心やすらかな境地にいたることができるのですが、それほど**「姿勢」と「呼吸」と「心」は深くかかわり合っています。**

つまり、**姿勢（＝所作によって成り立つ）が整うと呼吸が整ってくる、呼吸が整うと心が整ってくる。**これらはそんな関係にあります。文字どおり、三位《さんみ》一体《いったい》としておたがいに結びついているのです。

逆にいえば、**所作が整わなければ呼吸も整わないし、呼吸が整わなければ心も整うこ**

とはない、ということになります。この坐禅の**三要素は、そのまま美しい人になる必要条件**だ、と私は思っています。

あなたの身のまわりにいる美しい人を思い浮かべてください。そして、所作を、呼吸を、心を、ズームアップしてみましょう。何か気づくことはありませんか？

「そういえば、いつも背筋がピシッと伸びているし、お辞儀ひとつとってもすごく感じがいい。物腰がやわらかいってあいうことなんだ」

そういう人は、おそらく、デスクに片肘をついて顎をのせていたり、椅子から脚を投げ出したりしていることもないはずです。所作が整っているのです。

「クライアントを前にしたプレゼンテーションでも、アガっている様子なんかぜんぜんなくて、落ち着いて主張すべきことを堂々と主張していたなぁ」

なぜその人は、困難な状況でそんな姿を維持できているのか？　それは、どんな状況にあっても、呼吸がきちんと整っているからです。

あるいは、「会話のなかで声を荒らげることもないし、トラブルに際してもつねに冷静に対処している」人もいますね。その人の心がいたずらに揺れ動くことなく、穏やかに整っている証拠です。

美しい人をちょっと気にして、注意深く観察すると、所作、呼吸、心が、まさしく三位一体だということが、明確になるのではないかと思います。所作は美しいけれど、呼吸は乱れているし、イライラしていて怒りっぽい、ということはないのです。

坐禅が、調身、調息、調心が相まって完成するように、美しさも、所作と呼吸と心が一体となって整うことでつくられます。それがわかると、やるべきことがおのずから見えてきませんか？

便利さや効率ばかりを追うと、ますます美しさから離れることに

便利なものにすぐ飛びつく。効率を上げることばかりに躍起になる。――それがこの時代の風潮でしょう。ものごとにひたすら取り組むよりは、便利なものを手に入れて体裁だけ整えてしまおうとか、知識や情報をかき集めてなんとか効率よくことを運ぼうとか……そんな生き方が目立ちます。

美しさも例外ではありません。美しくなる便利グッズと聞けば興味津々、美しくなるための知識や情報にも敏感に反応するのではありませんか？　でもはたして、それで美しさが手に入るでしょうか。

表面的な美しさは実現するかもしれません。しかし、**美しさの本質や真髄に触れなけ**

れば、それを自分のものにすることはできない、と私は思っています。

職人さんの世界ではこういうことがあります。

親方は自分の持っている技を、弟子に〝言葉〟で伝えることはしません。技の真髄は言葉では伝えられないのです。ましてや、技を習得する便利な道具もないし、知識や情報をいくら詰め込んだからといって、技が身につくものでもない。

とにかく自分の体を使って、やり続けるしかないのです。親方の動きを逐一見て自分なりにまねてみる。もちろん、まねているつもりでも、できばえは圧倒的に違います。修業時代はその繰り返しです。

ところが、あるとき、ある瞬間に「あっ、これか！」と気づく。いわゆる、腑に落ちるということですが、親方と同じ動きを、今自分もしていると体が感じとる、といったらいいでしょうか。それが技を会得《えとく》することですし、真髄に触れるということなのです。匠《たくみ》の技の伝承とはそういうものです。

禅の修行にも似たようなことがあります。臨済宗の修行では「公案」に重きが置かれています。公案というのは一般にいう禅問答ですね。師匠が問いを投げかけて、弟子がそれに答える。しかし、これが一筋縄ではいきません。

もちろん、答えは師匠の心にだけあって、回答集のような〝便利〟で〝効率的〟なものなんてありませんから、何度でも答えをぶつけるしかないのです。これぞと思いついた答えを持っていっても、「違う！」とニべもなく突き返される。

精も根も尽きはてるまで、弟子は追い込まれます。そこまできてようやく師匠から、「まぁ、そんなものだろう」という言葉がもらえるのです。公案に打ち込むことで何かを得た弟子の姿を認める、ということでしょう。

理屈を超えたこのような世界、考えるだけではどうにもならない世界から、今、人はどんどん遠ざかっています。それを象徴するのが、便利至上、効率一辺倒という〝頭でっかち〟の考え方ではないでしょうか。

しかし、「本当の美しさ」も、じつはそちらの〝遠い〟世界にあるのです。

理屈も能書きも脇に措《お》いて、とにかく正しい所作を、気持ちを込めて繰り返しやり続ける。その先には必ず、美しい自分を見つけているあなたがいます。

なぜ美しさと禅が関係あるのか？

美しく生きるとはどういうことでしょうか。おそらく、それは「正しい道を歩むこと」と重なっています。そこに美しさと禅のつながりがあるのです。

本格的には、禅は鎌倉時代に日本に伝わりました。それまで支配層だった貴族に代わって、禅を支えたのは、時期を同じくして台頭してきた武士階級でした。

当時の武士はたがいに覇を競い合って、激しく戦っていました。自分がのし上がっていくためには、親兄弟であっても裏切るし、命のやりとりもする。そんな時代であったことは、源頼朝《よりとも》・義経《よしつね》兄弟の確執からも明らか。骨肉の争いが当然のように繰り広げられていたのです。

血を分けた肉親でも信じられない。何が自分の行くべき正しい道なのか判断に迷う――。悩ましい思いを抱えて、武士たちは禅僧を訪ねました。坐禅を組み、問答を交わすなかで、武士たちは心の安らぎを得ると同時に、みずからが歩むべき正しい道を見出したのです。禅が、美しく生きるための方向を指し示した、といっていいでしょう。

禅僧の説く教えや語る言葉もさることながら、もしかしたら、それ以上に**武士の胸に響いたのは、禅僧の佇まいではなかったか、と私は思うのです。心が千々《ちぢ》に乱れた自分の前にいる禅僧の、泰然自若としたおおらかな所作、凛とした空気を醸し出す姿勢……。**

身、口、意の三業がみごとに整った佇まいは、強靭な美しさを放っていたに違いありません。もちろん、それは厳しい禅の修行がつくりあげた美しさです。そこに、益荒男《ますらお》ぶりを誇る武士たちも、「この人のおっしゃることなら大丈夫だ」という全幅の信頼を寄せたのでしょう。

禅は、その教えで武士たちを正しい道、つまり、美しい生き方にいざないましたが、その背景には、禅僧の美しい佇まいがあり、それによって醸し出される器の大きさ、包み込むようなやさしさがあったのではないか、という気がします。

日常のすべての動作をおろそかにすれば、心は乱れる

禅にある**「威儀《いぎ》即仏法《そくぶっぽう》、作法是宗旨《さほうこれしゅうし》」**という言葉については、「はじめに」でも簡単に触れました。威儀、すなわち、所作を正しく整えることが、そのまま仏の法（教え）にかなうことであり、作法に則《のっと》って生活することが、教えそのものなのだ、というのがこの禅語の意味です。

これは、**〝外面と内面〟〝形と心〟の関係**をよくあらわしています。

「形と心ではどっちが大切？」と問いかけたら、みなさんの多くは、「そりゃあやっぱり心のほうが大事なんじゃない」と答えるでしょう。

誰にでも姿形が美しくありたいという思いはありますが、それよりももっと価値があ

るのは心の美しさだという感覚があるからですね。実際、〝見た目はいいけれど、心はちょっと〟と評価されるより、〝見た目はともかく、心は素晴らしい〟と評価されるほうが、はるかに自分が認められている、という気持ちになりませんか？

しかし、禅語はそうではないと教えます。威儀と作法は「形」、仏法と宗旨は「心」です。それが同じだということは、**形を整えれば自然に心も整う、所作を美しくすれば、心も美しくなる、**ということです。

禅はもちろん心の修行ですが、あらゆる場面で所作を大切にするのは、この教えが貫かれているからです。**所作をおろそかにしたのでは心の修行などできるはずもない、というのが禅の考え方**なのです。

もうひとつ、禅では行住坐臥《ぎょうじゅうざが》のすべてを修行としています。行は歩くこと、住はとどまること、坐は座ること、臥は寝ること。仏教ではこれを四威儀といいますが、**日常の立ち居振る舞い、何をしているときでもその所作の一切合切が修行だと考えるのです。**

だからこそ、一つひとつの所作を気持ちを込めて丁寧にやることが求められます。

もちろん、禅僧の修行生活とみなさんの日常生活は違います。しかし、所作が大切なものだという視点で、それぞれの生活を見直してみることは、おおいに意味のあることだ、と思います。

――毎日の食事の仕方に注意を向けたことがありますか？　テーブルマナーは心得ていて、レストランでの食事はそつなくできても、日常的な食事は、惰性的に何も考えずにしている、という人がほとんどではないでしょうか。

――朝起きてから仕事に向かうまでの時間をどんなふうに過ごしていますか？　コーヒーやお茶を一杯飲むか飲まないかで家を飛び出している、という人も少なくないでしょう。

――夜寝る前も、テレビやDVDを観ながらいつのまにかうとうとしている、といったことはありませんか？

いずれも**〝所作の大切さ〟が忘れられています。**言葉を換えれば、**せっかくの心を美しくする機会をみすみす放棄している、**という言い方ができるかもしれません。もったいないと思いませんか？

所作の大切さを思い、禅が教える正しい所作を知ってください。そして、ひとつずつ、ゆっくりでいいから実践しましょう。あなたは美しく変わっていきます。

第二章

基本姿勢と呼吸を整える

「おばさん」とはいわせない！美しく生きるために……

さあ、いよいよ実践です。手はじめに、あなたがふだんどんな姿勢でいるか、チェックしてみましょう。服装や髪形のチェックではなく、「姿勢」という視点で自分の全身を映して見ることは、案外、少ないはず。「えっ、こんなだったの！」――考えていた以上に〝問題あり〟ではありませんか？

姿勢は見た目の印象を大きく左右します。同じ年齢でも、姿勢がいいか悪いかで、大きく差がつくものなのです。小さい子どもは大人を見て、「おねえさん」と呼んだり、「おばさん」と呼んだりしますが、どちらの呼び方を選ぶかの判定基準は、顔でも、表情でも、声でもなく、姿勢だといわれています。

背筋をピシッと伸ばして歩きましょう。これは今すぐにでもできますね。**颯爽《さっそう》と歩いている人は誰の目にもさわやかに美しく見えるものですが、背筋が伸びていなければそんな歩き方はできません。**

姿勢にもっとも注意を払っているのはモデルや芸能人といった人たちかもしれません。例外なく背筋が伸びた綺麗な姿勢をしています。美しく見せるためには姿勢がいかに重要かを、よく心得ているからでしょう。

背筋を伸ばし、姿勢をよくすることは、見た目の美しさにつながるだけではありません。健康、さらに美容の面でもいい影響を与えるのです。

曲がっていた背筋を伸ばすと、胸がグッと広がるようになります。胸が圧迫されていると、浅い胸呼吸しかできませんが、広がることで深い腹式呼吸ができるようになるのです。

なぜ腹式呼吸がいいのかというと、深い呼吸ができるようになれば、空気をたっぷり吸い込むことができ、体の血行がよくなるのです。血液にのって酸素と栄養素が体の隅々にまで運ばれ、細胞が活性化されて健康にもなりますし、体自体が若返ります。血行のよい肌は色も美しく、つややはりも増すのはいうまでもありませんね。

姿勢を整えると、仕事も健康もいいことだらけ

姿勢を正しく整えるために、意識してほしい体の部分があります。「頭」と「尾てい骨」の位置です。**頭のてっぺんから尾てい骨まで一直線になるようなイメージ**を持ってください。

頭と尾てい骨が正しくその位置におさまると、背筋が伸びて自然に顎が引け、背骨がS字カーブを描くようになります。これが正しい姿勢。首が頭をきちんと支え、上半身の重みが両脚にバランスよくかかっていて、もっとも体に負担のかからない形です。見た目も清々しく、りりしい感じがしますね。また、胸も開きますから、呼吸がしやすくなります。**姿勢が整うと、呼吸も整う**のです。呼吸の大切さは前項でもいったとおりで

す。

一方、姿勢が崩れると、重い頭を首が支えきれなくなり、前に倒れて頭が落ちた状態になります（頭の重さは、成人で約五キログラムもあるとされます）。肩は後ろに下がって前かがみになる。これでは胸が圧迫され、内臓にも負担がかかってしまいます。呼吸がしづらくなり、内臓機能にも支障をきたしかねません。

現代は、デスクワークで長時間パソコンを使う仕事が増えたためか、**姿勢が崩れている人が多く見うけられます。それが肩や首のこりにつながったり、ストレスやイライラの原因になったりしています。**だからこそ、正しい姿勢を知り、いつでも整えられるようにしておくことが大切なのです。

前項でも触れましたが、姿勢（そして、呼吸）は健康の源泉です。

私の寺で開いている坐禅会に、もう二〇年くらい通っている女性がいます。坐禅を始めた当初はひどい猫背に悩んでいました。そのため、病気がちでもあったようです。彼女は、猫背を矯正するための器具を使うほどだったのですが、**坐禅をするようになってから猫背がどんどん改善し、姿勢が見違えるほど変わりました。**もちろん、矯正器具も使う必要がなくなり、病気もしなくなったといいます。

今はもう、七〇歳を超える年齢になっていますが、「まわりの人から〝姿勢がよくなったね〟といわれるのがうれしくて……」とおっしゃっています。猫背が直って若々しく見られるという意味あいもあるのでしょう。

姿勢が整うと、気持ちにも覇気が生まれ、何にでも積極的、前向きに取り組めるようになります。首や肩など体にかかる負担も軽くなって、イライラやストレスからも解放されます。それは顔の表情にもあらわれてきます。

「あぁ、肩がこっちゃって、また、今夜も湿布しなくちゃ……」

ということでは、表情もくもりがちになります。それがなくなれば、笑顔も自然と出るようになり、表情も明るくなるのではありませんか？

もちろん、周囲も「あっ、この人やる気があるな」と受けとめますから、ビジネスの面でもプラス効果は大きい。**何より人生を溌剌《はつらつ》として生きるには、美しい姿勢が欠かせない要素です。**

正しい立ち方・座り方
――目線も意外に大切なポイント

立っているときも座っているときも、正しい姿勢の基本は変わりません。そう、**頭のてっぺんと尾てい骨が一直線。**それができていれば、立っているときにひざが曲がったりせず、座っていて前かがみになったりすることもありません。つまり、美しい立ち姿、座った姿になっているのです。

一流の女優さんを見ていて「さすがだなぁ」と思うことがあります。対談番組などに出演しているとき、**背もたれにいっさい背中をつけないで座っている**のです。長時間に及んでも〝一直線〟を保ったままでいられるのは、姿勢に対する意識が高く、それが習慣になっているからでしょう。

美しい姿勢のもうひとつのポイントは**目線**です。禅では、立っているときは六尺（約一八二センチ）前、座っているときは三尺（約九一センチ）前に目線を落とすように教えられます。前者は畳縦一枚分、後者は畳横一枚分です。

その位置に自然に目線を落とすと、いわゆる（目を半分開き、半分閉じた）〝半眼〟の状態になります。目を開いていると、否応なくたくさんの視覚情報が入ってきます。**視覚情報が多すぎると、それに影響されて気持ちも落ち着かなくなるのです。〝半眼〟は情報をカットできますから、気持ちがとても落ち着きます。**

じつは**「半眼」は、仏様のまなざしと同じ**です。仏像の前に立ったとき、やさしく包まれる感覚になったり、癒やされる思いがしたといった経験は誰にもあるはず。半眼のまなざしにはそんな効果もあるのです。

電車やバスを待っているとき、街角で誰かと待ち合わせをしたとき、さあ、あなたはどんなふうに立っているでしょうか。せわしげにきょろきょろ目線を泳がせたり、背中を丸めて立っていたりということはありませんか？　それが周囲にどう映っているか、想像してみてください。

そんなときこそ、姿勢を整えてしっかり立ちましょう。それだけで女性なら端正な品格、男性は確たる威厳を感じさせるのではないでしょうか。

次に**「正座」**についても話しておきましょう。住まいから畳の部屋が姿を消しつつある昨今、正座をする機会は減っています。しかし、正座はれっきとした日本文化です。ここ一番に備えて、その所作も知っておきましょう。

姿勢はこれまでと同じく、頭と尾てい骨を一直線に。着物の場合、女性は両ひざをこぶしひとつ分開け、男性はこぶし二つ分開けて座ります。ただ、女性が短いスカートの場合は両ひざをそろえます。

足は利き足を上にのせて重ねます。そのほうが楽ですし〝長持ち〟するからです。しびれてきたときに上下の足を組み替える人がいますが、じつは、それは逆効果なんです。しびれが増すことにしかなりません。

しびれがひどくなったら、お尻を少し上げるようにして、足の指を反らせるようにすると、血行がよくなってしびれが抜けやすいでしょう。手で足の指をギュッと揉むようにしても、同じ効果があります。

腹式呼吸が楽にできる姿勢が、いい姿勢

姿勢が整っているかどうかは呼吸でわかります。

これまで何度もお話ししてきたように、姿勢と呼吸は一体です。正しい呼吸、つまり、**腹式呼吸ができる姿勢なら、整ったいい姿勢**といえます。ためしに、体をかがめてお腹《なか》で呼吸をしてみてください。いかがですか？　わかったと思いますが、これは絶対にできませんね。

坐禅では、正しく呼吸をするために、まず、姿勢を整えます。座ったら、左右揺振《ようしん》といって、体を左右に揺らし、しっかり背筋が伸びているか、左右のどちらかに体が傾いていないか、を確認します。坐禅を始めて間もないうちは、慣れている人に見てもらっ

て、いちばん的確な姿勢を見つけるということが大事です。

いい呼吸をするためには、それほど姿勢が重要なのです。だんだん慣れてくると、パッと即座にいちばんいい姿勢をとれるようになります。体が覚えてしまうわけです。

みなさんも、朝、家を出る前に必ず姿勢のチェックをする習慣をつけるといいと思います。それが姿勢に対する意識を高めることになりますし、自分にもっともよく合ったいい姿勢を、体に覚えさせる早道だからです。

いい姿勢で深い呼吸ができるようになると、どこででも、立ったままで気持ちを鎮めたり、切り替えたり、あるいは、集中力を高めたりすることも可能になります。これを「立禅」といいますが、私もしばしば実践しています。

仕事の休み時間でも、電車に乗っているときでも、それこそ〝いつでも〟〝どこでも〟できますから、ぜひ、そのレベルになってください。

いわばこれは、禅を日常に活《い》かす方法です。リフレッシュメント効果は抜群です。

呼吸は正直なあなたの心を示す

呼吸はそのときの心の状態とリンクしています。

ちょっと思い出していただくと、誰にでも経験があることではないでしょうか。たとえば、重要なクライアントとの商談が直前に迫っているという状況を思い浮かべてみましょう。

仕事の成否が自分の対応ひとつにかかっていると思えば、肩にも力が入り、手のひらからは汗が噴き出すといったことになります。心が緊張感でいっぱいのそんなとき、心臓はドキドキと脈打ち、呼吸は速く浅いものになっているはずです。

ところが、商談が首尾よくまとまってひと段落。相手とも打ち解けたあとに顔を合わせるという場面では、心にも余裕が生まれ、呼吸はゆったりと安定したものになりますね。このように、呼吸は「緊張しているな」という心も、「今日は余裕を持って臨めるぞ」という心も、正直に示すのです。**自分では、いくら緊張していないと思い込もうとしても、呼吸は、深いところにある本当の心をあらわしてしまいます。**

一方、緊張しているときに、あえて意識して「ふぅ〜っ」と深く呼吸してみたら、緊張感が解けて心が落ち着いた、という経験がある人もいるのではないでしょうか。

呼吸は心の状態によって変わり、また逆に、心は呼吸によって変わってくる。両者の間にはそんな相関関係があるのです。

とすれば、**呼吸を整えることができれば、心もいい状態に安定する、ということになります。**ぜひ、その方法を身につけましょう。

正しい呼吸は、まず「吐ききる」

呼吸で大切なのは**丹田《たんでん》**に意識を集中することです。丹田はおへその下二寸五分（約七・五センチ）の位置にあります。**呼吸のポイントはまず「吐ききる」こと。**呼吸という字を見てください。「呼」は吐く、「吸」は吸う、です。このことからも明らかなように、呼吸は吐くことが先決なのです。

丹田にある空気を全部外に出すような気持ちで、できるだけ長い時間をかけて、息を吐きます。吐ききることが大切。すると、今度は自然に空気が入ってきます。吸うことを意識する必要はありません。**吐ききったらあとは体にまかせておけばいい。**

吐くときにはお腹のなかの〝邪気〟が出ていくイメージ、吸うときは新鮮な〝霊気〟

が入ってくるイメージを持つといいのですが、最初はとにかく〝**ゆっくり、深く**〟を心がけてください。

坐禅に習熟した人になると、一分間あたりの呼吸数が三〜四回になります。寒い時期には吐く息が白くなりますが、そういう人たちの呼吸を見ていると、鼻からスーッと白い息が出ていって、ある長さのところまでずっと伸びているのがわかります。鼻のずっと先に白い靄《もや》が進んでいく、という感じです。このレベルまでくると丹田呼吸（腹式呼吸）の達人級です。

もちろん、一朝一夕には到達できない域ですから、まずは**一分間に七〜八回を目安**にするといいですね。

浅くせわしない呼吸をしていると、気持ちもどこか浮ついたものになり、地に足がついていない感じになりますが、深い呼吸ができるようになると、気持ちが落ち着いてきて、どっしりと大地に足がついた安定感が得られます。

さらに、**深い呼吸によって体が温まってきます**。とくに女性に多いようですが、冬に足先が冷えてつらいという人がいます。そんなときにこの呼吸をすると、血のめぐりがよくなってポカポカと温かくなるのです。じつは、この呼吸法は、かつて山中で修行をしていた仙人が、厳寒の時期の洞窟で暖をとっていた方法なのです。彼らは腹式呼吸で全身の血行をよくし、冬の寒さをしのいでいたというわけです。

呼吸は、声とも関係しています。たとえば、声量豊かに歌い上げるオペラ歌手は、必ず、腹式呼吸をしています。胸の呼吸ではあの声は出せません。〝お腹から声を出す〟という言葉どおり、たっぷり息を吸い込んだお腹を共鳴箱のようにしているから、会場の隅々にまで響き渡る声が出るのです。

みなさんも大声を出したり、大きな声でカラオケを歌ったりすることでストレスを発散することがあるでしょう。しかし、最近の若い人たちのカラオケには思ったようなストレス発散効果がないのではないか、と私は思っています。理由は明白。ほとんどの人が胸呼吸になっていて、お腹から大きな声が出せないからです。

腹式呼吸は、現代のストレス社会を乗り切るための有効なツールともいえそうですね。

二人が同じ実力であれば、呼吸が整っているほうが勝つ

自分が持っている能力を十二分に発揮するうえでも、呼吸は重要です。

こんなデータがあります。**呼吸を整えると、全身の血流が二五〜二八%アップする、**というのです。呼吸を整えることで緊張感がとれ、体もリラックスする。その結果、血管が広がって血流がよくなるのでしょう。

逆に呼吸が乱れていると、体も心も硬くなって血管も収縮するため、血流は約一五%程減るそうです。呼吸の仕方がただ違うだけで、差し引き四〇%、あるいはそれ以上、血のめぐりが違ってくるのです。

脳に酸素と栄養を運ぶのは血液ですから、血流の違いによってその活動も違ってきま

す。それを実証しているのが、小学生を対象にしたある実験。――簡単な計算問題を小学生にやらせ、いったん回収して正解率を調べ、その後、呼吸を整えさせて同じように問題を解かせたところ、正解率が二割程度上がった、というのがその実験です。

呼吸が整って気持ちが落ち着き、集中力や判断力も高まって、そうした結果になったということだと思いますが、**呼吸によってセロトニンなど脳の神経伝達物質の分泌が高まり、アルファ波も大量に出ることが、科学的に確かめられています。**

呼吸の仕方で、能力を引き出す力が違ってくる。それがもっともはっきりあらわれるのは**スポーツなど勝負の世界**かもしれません。

たとえば、同じレベルの実力がある打者と投手が対戦したとします。

おたがいが本来持っている実力を出し尽くせば、勝負は拮抗したものになるはずです。ところが、もしこのとき、打者のほうは呼吸が乱れ、投手はしっかり呼吸を整えていたら、初球を投げる前に勝負は決まってしまうのです。

もちろん、投手の勝ち。血流がよくなり全身にやる気がみなぎっている投手と、血流減で縮こまってしまっている打者とでは、その差は歴然です。実力を存分に発揮できる投手が、苦もなく打者をねじ伏せることになります。

ビジネスの場面でも、呼吸に結果が左右されることがあるのではないか、と思います。打ち合わせの時間に余裕を持って現場に到着し、コーヒーでも飲んで資料を見直し、きちんと呼吸を整えた人と、時間ギリギリに駆けつけ、荒い呼吸もそのままに打ち合わせに臨んだ人とでは、もうその時点で勝負は見えているのではないでしょうか。

打ち合わせをリードするのは、当然、呼吸を整えた人でしょう。自分の要求も主張も余すところなく展開できる。その一方で、後者にはあせりもありますし、気迫で押されている自分も感じる。なんとか失地回復を図ろうとしても、混乱した頭ではいい方策も浮かばない。呼吸は整うどころか、ますます乱れてくるのは必至です。

たとえ、両者が冷静に見れば互角の力量でも、この場面では大きく差がついてしまうのです。いわゆる〝**相手に完全に呑まれた**〟**状況**ですね。

「そうか、呼吸の違いって大きいんだ!」

そう感じていただけたら、それが〝よし、呼吸を整えよう〟というモチベーションになりませんか?

人物判断の際に「足元」は一〇〇%チェックされる

禅では自分の足元をしっかり見ることの大切さを強調します。分を越えた大きなことを考えたりせず、また、あちこちよそ見をしたりせず、今の自分の足元、つまり、置かれている状況を見つめ、そこでやるべきことに精いっぱい、全力で取り組め、と教えるのです。それをあらわす禅語が**「脚下照顧《きゃっかしょうこ》」**です。

所作という面からも、足元は重要です。居住まいを正していても、足元がだらしなく乱れていたり、落ち着きなく動いていたりしたら、間違いなくそれですべては台なし。好印象を与えることはできません。

足元はつま先をつけてそろえる。それが相手に気持ちを伝えることにもなります。足元がきちんとしていたら、「あぁ、気持ちを引き締めているな」と感じ、乱れていれば、相手は気のゆるみを見てとる。**あまり注意を払わない部分だけに、気持ちがそのままあらわれてしまうのが足元なのです。**

靴もおろそかにしてはいけません。なにも高級なものである必要はないし、新しくなくてもいい。手入れが行き届いていることが大事です。ブランドもののスーツを着ていても、靴にホコリがかぶっていたら、それは心の隙を見せているに等しいのです。相手はそこで人間性の値踏みをします。

「足元を見る」という言葉があります。これは文字どおり、履き物を見るという意味です。昔の金融業者はお金を借りにきた人の履き物を見たそうです。どんな草履や下駄を履いているか？　それで信用できるかどうか、お金を貸していい人物かどうかを判断したのです。

「この人は履き物にまで気を配って身ぎれいにしている。これなら大丈夫だろう」

「着物は上等なものを着ているが、草履はいただけない。貸すのは控えたほうがいい」

といった具合です。足元で人物判断をするのは先人からの伝統的な知恵なのです。くれぐれも「脚下照顧」を忘れないでください。

「手」の所在は心のあらわれ

手も足元と同じように、気持ちが行き届きにくい部分です。手の所在や動きなど、気にしたことがない、という人が少なくないはず。しかし、**手も端的に心の動きをあらわします。**たとえば、指先をせわしなく動かしたり、手の位置を変えたりしているときは、心は平静さを失っています。

所在なげに手をぶらぶらさせているときは、心ここにあらずという状態か、何か苛立《いらだ》ちを抱えている。思わず知らず、手には心があらわれてしまうのです。

禅では手の所作がきちんと決められています。僧堂など寺院内を歩くとき、また、立っているときは、**「叉手《しゃしゅ》」**という手の組み方をします。衣の袖が水平になる位置（胸の前）で、親指をなかに入れて左手を握り、右手でそのこぶしを包むようにするのです。

手をだらりと下げていると、心に緊張感がなくなりますし、衣の袖も汚れることから、叉手が作法として用いられるようになったのです。

一般にはそこまでする必要はないと思いますが、**手は一定の位置に置いて動かさない**、というのが原則です。立っているときは、手を自然に下げて体の前で重ねるとか、指を組むとか。女性の場合は指の部分だけを重ねるようにしたほうが、所作として美しいかもしれませんね。

座っているときは、両手を重ねてももの上に置くのが基本。男性なら軽く握ってもかまいません。昔の武士は正座でも安座でも、こぶしを握ってももに置いています。

いずれにしても、手は後ろで組んだり、ポケットに入れたりせず、相手から見えるようにしておくこと。それが相手に危害を加えるものは持っていない、よろこんで相手を受け入れる、という意思表示にもなるからです。

第三章

所作を整える――〝自分自身と向き合う〟編

行動の折り目は、心の折り目

「折り目正しい」という言葉があります。「彼女はいつも折り目正しいね」といった使い方をするわけですが、昔は日常的に使われていたこの言葉も、この頃はあまり耳にしなくなりました。若い世代には「意味不明！」なんて人もいるかもしれません。この意味は、礼儀正しい、行動がきちんとしている、ということですね。

あいさつをすべきときにはあいさつができる、感謝が必要な場面では感謝の言葉が出る、敬《うやま》わなければいけない相手には謙虚な態度で接することができる……。そんな当たり前のことですが、身についた所作としてこれが自然にできる人には、残念ながら、滅多にお目にかかれなくなっています。

折り目正しい人は、周囲にも好感を持って受けとめられます。私が教鞭を執っている大学に、大学院を出て助手をつとめている女性がいます。朝、顔を合わせると、「おはようございます」と明るい声であいさつをしてくれ、私が講義に向かうときには、「いってらっしゃいませ」のひと言をかけてくれる。大学を引き上げるときも、必ず、「お気をつけて。さようなら」と深々と頭を下げて送り出してくれるのです。

それだけで一日が気持ちよく過ごせます。そのわきまえのある所作は誰の目にも美しいと映るでしょう。それだけではありません。私は彼女の育った環境にも思いを馳せます。「きっと親御さんが素敵な人なんだろうなぁ」「まわりの人たちからいっぱいの愛情を注がれてきたに違いない」……。

そう、所作からは、その人の心の育ちも垣間《かいま》見えるのです。**折り目正しさは、〝形〟の美しさを伝えるだけではありません。心の豊かさや素直さ、やさしさや美しさ……といったことを余すところなく伝えます。**

どんな所作もそのまま心をあらわしている。そのことをあらためて思い起こしてください。

「所作」を整えるよりも、「心」を整えるほうが難しい！

心を整えましょう、といわれても、心は見えませんから、どこか雲をつかむような話に聞こえるかもしれません。ですから、**まず、心としっかりつながっている、〝形としての所作〟を整えることが大切**なのです。それにあたって、大事な心がまえ、といいますか、ちょっとしたコツがあります。

徳川将軍家の剣術師範をつとめたのが柳生宗矩《やぎゅうむねのり》。屈指の剣豪として知られる宗矩に、こんな逸話が残っています。

宗矩は禅僧・沢庵宗彭《たくあんそうほう》との出会いによって、剣に開眼します。沢庵禅師との交流のなかにこんな場面があります。ある雨の日、沢庵禅師が宗矩に向かって問答をしかけます。

「おぬし、この雨のなか外に出て、濡れない極意を見せてみよ」

宗矩は降りしきる雨のなか、外に出て剣で雨を滅多斬りにしてみせます。戻ってきた宗矩が、「どうだ、これが俺の極意だ」というと、禅師はこともなげにこういい放ちます。「そんなに濡れていて、なにが極意じゃ」。

もちろん、宗矩はおもしろくない。「それなら和尚の極意を見せてくれ」と気色ばみます。おもむろに外に出た沢庵禅師を宗矩が目をこらして見つめていると、禅師は何をするでもない、ただ、じっと雨のなかに立っているのです。

しばらくして禅師は家に入ってくる。全身ずぶ濡れです。宗矩はここぞとばかり切り込む。「なんだ、和尚だって濡れているじゃないか。それが極意とは笑止千万」。そこで、禅師はこういうのです。

「まったく違う。おぬしは濡れまいとして、刀を振り回して雨に立ち向かった。だが、雨はそんなことはおかまいなしにおぬしを濡らしたわけじゃ。わしは雨を受け入れてただ立っていた。わしが雨に濡らされたと思うか？　違う、わしは雨とひとつになっただけじゃ。わかるか？」

ややこしい禅問答に聞こえるかもしれませんが、宗矩はこれで禅師のいわんとしたことがストンと腑に落ち、剣を究めることになるのです。

雨とひとつになるとは、あるがままを受け入れるということでしょう。逆らおうと、抗《あらが》おうと、雨は否応なく降ってくる。それはどうしようもないことです。だったら、受け入れるしかない。**受け入れてしまえば心が騒ぐことも、乱れることもないのです。平穏な心のままにいられる。**

雨のなかにいて〝心を掻き乱して戦った〟宗矩と、〝心穏やかに佇んでいた〟沢庵禅師。極意がどちらの側にあるかは明らかです。あるがままを受け入れ、それとひとつになる。これが禅の真髄といっていいでしょうね。

所作を整える〝極意〟もここにあります。

たとえば、食事の所作を整えたい――つまり、美しく食事をしたいとき、箸はどう使ったら見栄えがいいかしら？　ごはんは一度にどのくらい口にするのが綺麗？　お茶を飲むとき茶碗はどんなふうに持つとかっこいい？……と考えるのではないでしょうか。

しかし、禅ではこう教えます。**「（逢茶《おうさ》）喫茶《きつさ》（逢飯《おうはん》）喫飯《きつぱん》」**。読み下せば、「（茶に逢うては）茶を喫し、（飯に逢うては）飯を喫す」となりますが、これは、お茶を飲むときは、ただ、お茶を飲むことになりきればいい、ごはんを食べるときは、ただ、食べることになりきればいい、ということです。

お茶を飲むこと、ごはんを食べること、ただ、そのことだけに一所懸命になる。**見栄えがどうとか、どうすれば綺麗とか、そんな余計なことに囚われず、ひたすら今自分がしていることに打ち込む。それがこの禅語の意味です。**

「ひとつになる」ということもそういうことでしょう。それが整った所作です。

一服のお茶を心ゆくまで楽しんでいる姿、一膳の食事を、ただ、それだけを心の底から味わっている姿。それにまさる美しい所作があると思いますか？

一挙手一投足、すべての所作についてそれがいえます。

「ひとつになる」

所作を整えようとするときの心がまえとして、これ以上に重要なことはありません。

他人を見て、いいな、素敵だな、と思ったことは、まず一〇日続ける

こんな経験はありませんか？　出会った人に「いい雰囲気だな」という印象を持った。あるいは、友人や知人に対して、「あれ、こんなところがあったんだ。素敵だな」と感じた。――それは、あなた自身に気づきがあった、ということです。

気づきは、美しい人に近づく貴重なきっかけとなります。大切なのは、気づいたこと、いいなと思ったことを、すぐに実践することです。「人の振り見て我が振り直せ」という諺《ことわざ》がありますが、逆もまた真なり。**人の振り（所作）が雰囲気のあるものだったり、素敵だったり、美しかったりしたら、それを自分の振りにしていく。**そのためにはやってみるしかないのです。

禅寺には「制中《せいちゅう》」という修行期間が設けられています。その期間中は建前としていっさいの外出が許されず、雲水《うんすい》（修行僧）は一心に修行に打ち込みます。制中は一〇〇日に及びます。一〇〇日間、雲水は厳しい修行の日々を送るわけですが、とくに新到《しんとう》（一年目の修行僧）にとっては、完全禁足（足を土につけない）。つまり外出できない）ですし、当初は戸惑うことばかり。朝起きるのもつらいし、読経をはじめとする、いわゆるお勤めも骨身にこたえます。夜も疲労困憊《こんぱい》を超えて、かえって眠れないという塩梅《あんばい》です。

それでも、逃げ場がありませんから、一〇〇日間続けるしかない。すると、なんとか少しずつこなせるようになるのです。自分でも、だんだん身についてきているな、という実感が得られます。

制中は、お釈迦様の時代からの習わしだといいますが、一〇〇日間という設定はじつに的確。その間、繰り返し続けることによって、「到底、できそうもない」と思っていたことも、自然に少しずつ身についてくるのです。

まずは一〇日間、誰かが気づかせてくれた〝美しい〟所作をやり続けましょう。そして、もう一〇日間……。そうしているうちに一〇〇日間が過ぎていって、もう、すっかりそれはあなたのものになっています。

正しい言葉を使う

私は日頃から、大学で大勢の若い人たちと接していますが、しばしば首を捻《ひね》りたくなる場面、耳を疑いたくなる場面に遭遇します。学生同士がざっくばらんに会話を交わしていると思って見ると、話している相手がはるかに年長の教員だったり、職員さんだったりするのです。若者流にいえば「タメ口」をきいているのですね。

日本語は、世界でも類《たぐ》い希《まれ》なる美しい言葉。せっかくその国に生まれながら、言葉づかいがぞんざいな人を見ると、もはや無念を通り越して、悔しさ、虚しさ、いや、正直にいえば、おおいなる怒りさえ覚えます。

もちろん、彼ら若い世代だけの問題ではありません。なぜか最近、〝友だち親子〟や、学校での教師と生徒の仲よし関係が、よいことかのように話されます。大人全般が年少者に媚《こ》びているという現実がある。これこそが、根本的な原因なのでしょう。

美しい言葉は、それそのものが、美しくなるための大きな武器です。身近にありながら、それをまともに使えないなんて、文字どおり、宝の持ち腐れ。いち早くそんな状態から抜け出してほしい、と私はせつに願っています。

といっても、会話本や敬語マニュアルを必死で読むことを奨めるつもりはありません。杓子定規なお仕着せの言葉づかいをいくら覚え込んでも、言葉は生きないし、美しくもないからです。

禅は「愛語《あいご》」で語りかけよ、と説いています。愛語について、道元禅師はこう書き残している。

「愛語は愛心よりおこる、愛心は慈心を種子《しゅうじ》とせり。愛語よく廻天の力あることを、学すべきなり」（『正法眼蔵』）

慈《いつく》しみの心から発する愛を持った言葉は、天地宇宙をひっくり返すほどの力がある、というのです。

愛語のもっともいい例は、母が幼子に向ける言葉だと思います。自分自身の利や得などまったく思うことなく、欲からも遠く離れ、ひたすらに我が子を思う気持ちから出る言葉。拙《つたな》くても、素っ気なくとも、それこそが愛語と呼ぶにふさわしいものだ、と私は思っています。

いいたいことを、思いついたまま語るのではなく、その言葉を相手がどう受けとるのかということに、まず、思いをめぐらせる。いったん自分が相手の立場になってみる。そして、その言葉を投げかけられたら、自分ならどう受けとめるだろうか、と考えてみてはどうでしょう。なんでもないと思った言葉が、意外な棘《とげ》を持っていたり、皮肉めいていたり、上滑りしていたり……といったことはよくあることです。

「あっ、そんな意味でいったんじゃなくて……」

いってしまってから、あわてて言葉をとりつくろったことが誰にでもあるはず。しかし、**一度口に出した言葉は決して元には戻らないのです。**〝あのひと言〟で上司との間がギクシャクしてしまった、友人関係にヒビが入った、大切な人に嫌な思いをさせてしまった……。そんなことがいつ起こっても不思議はありません。

また、なにかにつけて気にかけてくれる友人の助言やアドバイスが、ときには煩《わずら》わしく聞こえることもあるでしょう。

「もう、うるさいなぁ。ちょっとうざくない!?」

思わず、そんな言葉が口から出そうになることもありそうですね。しかし、そんなときはひと呼吸置くのです。それだけで、出てくる言葉がまったく違った言葉になると思います。友人のお節介的な言葉に対しても、「これも自分のことを心から思ってくれているからなんだ」と思え、「いつもありがとう」といえるかもしれない。立派な愛語で相手の気持ちを受けとめることができるのです。

言葉は諸刃《もろは》の剣です。相手を幸せにしたり、いたわったり、癒やしたりする力を持っている反面、傷つけたり、苦しめたり、悩ませたりすることもある。自分のなかに愛語かどうかを見分けるフィルターを持ちましょう。

最初はフィルターの目が粗く、心ない言葉がスルリと通り抜けてしまうことがあるかもしれません。それはそれでいい。それでも、つねにフィルターを意識していたら、だんだん目が詰まってきて、フィルターの精度は上がります。そしていつか、

「彼女はいつもやさしいものいいをする」

「彼女の言葉ってなぜかとてもあったかい」

そんなふうにいわれる人になっていますよ……きっと!

毎朝、両手を合わせる

かつてはどの家にも仏壇（神棚）があったものです。朝になると誰からともなしにその前に座り、お線香をあげて（神棚にはあげません）しばし静かに合掌する（神棚は柏手です）。それが当たり前の家族の風景でした。小さい子どもたちも見よう見まねで手を合わせ、自然にご先祖様への尊敬と感謝の気持ちを育《はぐく》んだのです。

両手を合わせるのは、単なる形式的な決まり事ではありません。きちんとした意味があるのです。**右手は相手の心です。そして、左手は自分の心。それを合わせることは、相手と心をひとつにする、ということです。**

毎朝、自分が今ここにいることの幸せをご先祖様と心をひとつにして噛みしめる。日本にはそんな美しい習慣が根づいていました。しかし、時代はすっかり様変わり。今、手を合わせるといえば、初詣や、御利益《ごりやく》を期待して寺に参拝するときくらいになってしまっているのではないでしょうか。

誰でも一度や二度は仏像を見たことがあると思います。お釈迦様の座像（座った像）には、体の正面で左手の上に右手を重ね、輪をつくるように親指を合わせた「印」を結んでいるものが多く見られます。あれは法界定印《ほっかいじょういん》といって、「私の心は安定しています」ということを示しています。仏像の前で合掌するのは、「その仏様と心をひとつにして、すべてをおまかせする」ということなのです。

考えてみると、〝心をひとつにする〟ことから遠く離れてしまっているのが、現代人だという気がします。「自分が、自分が……」という思いが優先して、他人は二の次という生き方が蔓延してしまっている。

まずとっかかりとして、**仏壇がなくてもいいですから、毎朝、手を合わせるという美しい習慣を、あなたから復活させませんか？** それは間違いなく、他人に対しても心で合掌して向き合うことにつながっていきます。ともするともつれがちな人間関係も、心がひとつになったら、ほぐれていくものです。

裸足で生活してみる

修行中の雲水の生活は、衣食住ともきわめて質素。厳寒の時期でも足袋《たび》を履くことは許されません。曹洞宗の大本山である永平寺などは福井県の山寺ですから、真冬の寒さといったら半端ではありません。毎日が凍えるような寒さとの戦いです。

しかし、修行がすすみ、慣れてくると身が引き締まる思いがして、心地よさが感じられるようになるといいます。大自然と溶け合って生きている実感があるのでしょう。私も若い頃は一年中裸足で過ごしていました。今はもう、寄る年波ということもあって、十二月に入ったら足袋を履くようにしていますが、三月のお彼岸を迎える時期になると、ムズムズして脱ぎたくなります。

裸足のよさは足の指が自由に動かせることですね。これにはおおいに健康効果があるようです。**寒さに強くなって風邪をひきにくくなるということはもちろん、第二の心臓といわれる足の血流が促され、全身の血行がよくなるのです。**

足の冷えやむくみに悩んでいる女性が少なくないそうですが、裸足の生活はその特効薬といえるかもしれません。外側から温めたりするのではなく、自分の内側から改善しなければ、そういう症状は根本的に治りません。最近では、「冷やす」ことで健康になる、という考えもあるようです。

裸足でいるときの履き物は、下駄か草履。これがまたいい。足にはツボがたくさんあるといわれ、とくに**親指と第二指の間には内臓や脳に直結する重要なツボが密集しているとされます。鼻緒がそこを刺激してくれます**から、歩いているだけで指圧を受けているようなものなのです。下駄や草履が無理なら、室内を裸足で歩くだけでもいい。美しさの原点はなんといっても健康。ツボ刺激効果もある裸足の生活は、その原点を強化するのにうってつけです。

エアコンや床暖房が整った生活はたしかに快適ですが、いかにも人工的。裸足の生活は小さな自然と、本来の体が持つ強さを取り戻す、ちょっとしたチャレンジです。

ゆっくり、季節を感じながら歩く

80

忙しさが生活の充実感と重なっていると考えている人は少なくないようです。「いつも、いつも、忙しくて……」という〝嘆き〟からは、どこか自慢めいたニュアンスが嗅ぎ取れないでしょうか。しかし、**忙しいということは、「心」を「亡」くすこと**です。**多忙さのなかで、なお、ゆったりとした時間を持つ。**心を整え、しなやかにしていくためには、そのことが不可欠です。

京都市左京区の銀閣寺（正式名称は慈照寺）から若王子神社にいたる約二キロの小道は、「哲学の道」と呼ばれています。哲学者の西田幾多郎さん（一九四五年没）が、好んでここを散策しながら思索に耽《ふけ》ったことから、この名があるのですが、ここは、琵琶湖疏水《そすい》に沿った自然豊かな格好の散歩道になっています。

哲学者は、木々の芽吹きや落葉、風のそよぎや小鳥のさえずり、空気のにおい、その温もりやひんやりとした冷気……など、四季折々に自然が見せる、さまざまな姿を全身で感じながら歩をすすめ、自然の営みと人間の生をどこかで照らし合わせながら、壮大な哲学体系を完成させていったのでしょう。

自然のなかを歩くことは、渇いた心に潤いを与えること、また、五感を研ぎ澄ますことです。寒気をゆるやかに溶かす風の温もりに春を感じ、匂い立つ金木犀《きんもくせい》の芳香に秋を思う。五感が知らせてくれる季節感は格別の味わいをもたらしてくれるでしょう。そして、ふとした会話のなかでも、

「今日近くの公園を通ったら、金木犀のいい香りが漂っていて、なんだか、やさしい気持ちになりました。もう、秋の気配が濃厚ですね」

といった表現ができるようにもなります。そんな人に会ったら、誰もが感性の豊かさを感じるのは、いうまでもありませんね。都会のなかにも自然は息づいています。あなたの散歩道を探して、ゆっくり歩く時間を持ちませんか？

畳のへりを踏まない

若い世代には、これまで一度も畳の部屋で暮らしたことがない、という人がかなりいます。ですから、無理はないともいえるのですが、**和室には独特の所作がある**ことを知らないようです。しかし、社会人になると、接待などで和室を使う機会も出てきますから、知らないではすまされません。そんな場面で心得のある人から「あぁ、なんということを！」と眉を顰《ひそ》められるようなことをしたら、いくら仕事の能力があっても、人としての評価は大幅に下がってしまいます。

畳のへりを踏まない。これは和室の所作の基本中の基本です。常在戦場、つねに戦いに備えておくことが必要だった武家社会では、床下に潜んでいる敵に襲われるということもありました。畳はヘリの部分で合わさっていますから、そこを踏んでいると、突き抜けてきた刀の切っ先で痛手を負う、ということがあったのです。これが、時代を背景とした、ヘリを踏まない合理的な理由。

もうひとつは文化的な理由です。畳が貴族の間で使われるようになったのは平安時代ですが、当時は大変な高級品でした。ヘリには藍染めなどで染色された絹や麻が用いられていたのです。植物で染めた布は色が落ちやすかったうえ、とくに麻は耐久性が低く擦り切れやすかったため、ヘリを踏むことは御法度《ごはっと》とされたのです。

もっと重要なのは、ヘリは格式をあらわすものだったという点です。もっとも格式が高かったのは「繧繝縁《うげんべり》」と呼ばれるもの。これを使うことを許されたのは天皇、皇后、上皇といったごくかぎられた高貴な人たちだけでした。また、格式そのものである紋をあしらったヘリ（紋縁）もあったのです。

その**ヘリを踏むことは、文字どおり、格式を踏みにじること**です。こうして畳は静かに歩き、決してヘリは踏まない、という文化が定着しました。**単なるマナーとしてではなく、その文化的背景も心得ていてそれができる人は、日本の美風を体で表現できている**、といっていいでしょう。ぜひ、そんな人になってください。

ゴミは正しく捨てる

現在は、どの都道府県でもゴミの分別がおこなわれ、捨て方にもルールが設けられています。しかし、ルールがあれば、必ず、それを逸脱する人がいるのも、悲しいかな、否定しがたい現実でしょう。

うっかり捨てるのを忘れた生ゴミがたまってしまった。次の収集日までこの生ゴミと一緒に暮らすなんて、とてもじゃないがかなわない。「どこかよその収集所なら、誰が捨てたかわからないし、こっそり捨ててしまおうか。まあ、一人くらいルール違反がいたってたいしたことじゃない」。

こうしてゴミはルールなどおかまいなしに捨てられることになります。誰にも咎《とが》められなければ、企みは成功したことになる。本当にそうでしょうか。

「把手共行《はしゅきょうこう》」という禅語があります。**共に手をとって歩いていく**、という意味ですが、さて、誰と手をとって歩くのでしょうか。四国八十八カ所をめぐるお遍路さんにその答えがあります。

お遍路さんがかぶっている笠には「同行二人」と書かれています。一人でお遍路をしても、歩いているのは二人なのです。一人は自分、そしてもう一人は弘法大師・空海さんです。お遍路さんが行く道には、必ず、空海さんが寄り添ってくれている。ですから、つらくても、苦しくても、歩ききることができるというわけです。

私たちは一人で生きているのではありません。いつだって心のなかの仏様と手をとり合って人生を歩いている。心のなかの仏様とは、自分が持っている正しい心、美しい心といってもいいでしょう。

さぁ、そんな自分がこっそりゴミなど捨てられますか？　仏様の目の前でゴミを放りだして、平気でいられるでしょうか。**誰に咎められなくても、仏様は見ています**。そこに気づいてください。いつも心のなかの仏様を感じていたら、何をすべきか、してはいけないか、はっきり見えてきますね。

「汚れたものは、その日のうち」の理由

朝起きたら、キッチンの流しに汚れた食器や調理器具が山積み、テーブルには寝る間際まで読んでいた雑誌が何冊もページが開かれたまま重なり、CDのケースもあちらこちらに散らかり放題……。「あ～ぁ、これじゃあ朝食もとれやしない！」。思いあたるフシがある人が少なくないのではありませんか？

汚れたもの、使ったものを片づけるのは、けっこう面倒な作業です。ですから、ついつい後まわしになる。たしかに、食べてしまったあとの片づけや、楽しく見たり聞いたりしたあとの雑誌やCDの片づけは、やらなきゃいけない〝楽しみの後始末〟ですから、テンションが下がるのも当然かもしれません。

しかし、後始末を別の観点から捉えてみてください。たとえば、翌日の朝食。前日の汚れものの後始末ができていたら、すぐに支度に取りかかることができ、とても気分がいい。なぜか？　朝食をつくるための準備がきちんと整っているからです。

一方、前日にタマネギを刻んだ包丁がそのままだったら、それでパンを切る気にもならないし、炒めものをしたフライパンに焦げつきが残っていたら、そこでベーコンエッグをつくるのもためらわれます。

おや？　と、あなたならもう気づいたでしょう。**「片づけ」が、楽しみの後始末ではなく、次の行動のための準備であること**に……。汚れたものを洗うのも、使ったものを片づけるのも、すんでしまったことの後始末なんかではなく、次の行動に気持ちよく、スムーズに取り組むための〝準備を整える〟ことなのです。

食事の支度がおいしくいただくための「準備」なら、食器や調理器具を綺麗に洗うことは、翌日、スッキリした気分で食事をつくるための「準備」です。どちらが楽しくて、どちらがつまらない、面倒、ということはない。ただ、準備の中身が少し違うというだけです。

さあ、いい朝を迎えましょう！

食事の仕方
1

お腹いっぱい食べない

禅では行住坐臥《ぎょうじゅうざが》すべてが修行と考えます。食べることももちろんそう。「食べることが修行だなんて！　食事ぐらい自由にお腹いっぱい食べたい」。今のあなたは、正直、そう思っているかもしれません。

ここで禅の修行中の食事についてお話ししましょう。食事をする器は応量器（鉄鉢《てっぱつ》）と呼ばれる、組子になった木製のものですが、朝食（小食）はそのなかのいちばん大きい器におかゆが一杯。じつは、炊いたおかゆには〝濃度差〟があります。修行を始めたばかりの雲水は、ほとんど飯粒が見当たらないような薄い上澄みをいただくのが習い。より厳しく己《おのれ》を律せよ、というわけでしょうか。

おかずに当たるものは、ゴマと塩を一対一の割合で炒ったゴマ塩と香菜少々、いわゆるお新香です。「再進」といっておかわりもできますが、それもおかゆが半分ほどいただけるだけです。

昼食は点心。麦を混ぜたごはんと香菜、そして味噌汁がそのすべてです。

夕食（薬石）になると昼の点心に「別菜」がつきます。おかずらしきものといったら唯一この別菜。大根を煮たものとか、二つ割りにしたがんもどきとか、いずれにしても〝質素〟を超えるものではありません。

当然、空腹感に襲われます。最初の三〜四日間くらいはひもじさを感じる余裕もありませんが、それを超えるとズシンとこたえてくる。一カ月も経たないうちに、全員体重が一〇キロは減ります。太っている人だと二〇キロもやせたりする。もはや別人です。

ところが、不思議なもので、三カ月もすると胃が縮んでくるのか、同じ食事でも空腹感が少しずつなくなる。体重もしだいにだいぶ戻ってきます。食べたものの栄養を消化器が効率よく消化・吸収してくれるようになるからでしょう。

変化はそれだけではありません。**坐禅をしていても頭が冴え渡ってくる**のです。食事をすると消化のために消化器に血液がどんどん流れ、頭にいく血液量が少なくなるそうです。食事をたっぷりとったあと眠くなるのは、血液不足で脳の働きがちょっとお休みしているからだといわれていますね。**最小限の食事だと消化器への負担も軽く、そのぶん脳に血液がどんどん流れて、頭が冴えてくる**というわけです。

昔から〝**腹八分目**〟といわれますが、それが**健康にも頭にもいい**ことが、経験則でわかっていたからこそ、この格言は生まれ、今日まで残っているのだと思います。八分目どころではなく、お腹は半分も満たされない修行中の食事ですが、格言に真理があることが実感されます。

〝**自由にお腹いっぱい**〟**は返上**したほうがいい。午後になって、「ほら、また舟を漕いでいるよ」といわれるのと、「ますます冴えてきたね」と見られるのと、どちらを選ぶかはあなたしだいですが……。

通常の僧堂での修行僧は男性ばかりですが、ひとしきり肌つやが話題になることがあります。「あれっ、ずいぶん肌がつやつやになったね。色もすっかり白くなっちゃって……」。そんな声がどこからともなく上がるのです。

はっきりした理由はわかりませんが、これも食の効果でしょう。修行中の食事は精進料理ですから、肉も魚もいっさいの動物性たんぱく質はとりません。香辛料や嗜好品といった刺激物もないし、すべてが消化のよいお腹にやさしいものばかり。そうした食事を続けていると、**肌が透けるように白くつややかになる**のです。

ここは女性には見過ごせないところではないでしょうか。お腹いっぱい食べないことだけでなく、食材にも注意を向ける。肉中心に偏っていたり、刺激物がやたらに好きだったり……という人は、宗旨替えをしませんか？

私の経験からいえば、〝頭が冴えて〟〝肌が美しくなる〟のが禅の食事です。あなたの食生活を立て直すヒントになると思うのですが、いかがでしょうか。

食事の仕方
2

箸や器を大切に使えば、自然と美しい所作になる

一緒に食事をしている人の所作は、誰もが気になるものですし、そもそも所作の〝質〟が典型的にあらわれるのが食事です。**美しい所作で食事をする人は、ほかのどんな場面でも美しさを失わない**、といってもいいでしょう。

さまざまある作法のなかから、食事の仕方を学び、それに則った所作を実行するのも悪くはない、と思いますが、いちいち「お刺身のお醤油はどうつけるんだっけ?」「小鉢からの食べ方は?」「吸物のフタの開け方は確か……」とやっていたら、動きがぎこちなくなる可能性があります。一つひとつは作法にかなっていても、それでは全体の所作として美しくありません。

たったひとつのことを心がければ、美しい所作で食事ができる。

私はそう考えています。

そのたったひとつのことが、**「箸や器を大切にする」**。これだけです。

器を大切にするとは、丁寧に扱うことです。たとえば、小鉢のものを食べるとき。丁寧に扱えば、まず、右手で小鉢をとり、左手に持ち替えてから箸をつける、ということになるでしょう。それがそのまま美しい所作になる。ぞんざいな扱いで、置いたまま食べようとすれば、箸と小鉢がぶつかる音がしたり、小鉢を倒してしまうことも考えられます。どちらも美しくありませんね。

一口食べて、小鉢を置くときも、今度は左手から右手に持ち替え、あった場所に戻す、という流れですが、手を持ち替えるためには、その前にいったん箸を箸置きに置く必要があります。禅での食事作法では、箸を器の上に置きますが、大切に扱うなら、一般的にはきちんと箸置きに置くのが自然です。

小鉢に限らず、どの器も同じ。**「右手でとる→左手に持ち替える→箸をとる→食べる→箸を置く→右手に持ち替える→右手で置く」というのが、共通した箸使い、器の扱い方**です。このことさえ心がけていれば、箸で器を動かす、いわゆる〝寄せ箸〞（箸使いのタブーのひとつ）〟をすることもないし、刺身につけた醬油がポタポタとたれて、テーブルを汚すこともありません。つねに器を持って食べるわけですから、手で食べ物を受ける〝手盆〟（最近、テレビに出ている多くの人もしていますが、これは、作法としては間違ったものです）をすることもない。

また、椀物の場合、お椀を大切に扱うなら、左手をお椀に添えて、右手でフタをとることになる。右手だけでとるより、ずっと美しい所作です。

一口食べるごとに箸を置くのも、見ていて品を感じさせます。箸を持ったまま次に食べる器を物色するのとは、雲泥の差だと思いませんか？

箸を置くことで次の動きまでの「間《ま》」が生まれます。口だけが動いているこの間が、「よく味わって、本当においしくいただいています」という無言のメッセージを伝えることにもなるのです。

むずかしく考えることはありません。「器を大切に扱おう」。そのことだけを胸に置いて食事をいただけば、自然に優雅で美しい所作になっているのです。

食事の仕方
3

食べ物をいただくとは、命をいただくこと

食事のときに「いただきます」ということは誰でも知っています。では、何をいただくのでしょうか。目の前に並んだ料理をいただくのはもちろんですが、料理の食材である肉や魚も、野菜類も、もともと生きていた、つまり、命があったものです。いただくのはその命。

まさに**尊い命をいただくのですから、心から感謝の思いを込めて、この言葉は発せられるべき**でしょう。しかし、さまざまな場面で食事風景を見ていると、手を合わせて「いただきます」といっている人はほとんどいない。料理が置かれるか置かれないかのうちに、もう、箸をつけているということも少なくありません。

手を合わせるのは心のなかででもいいし、「いただきます」をそっと呟《つぶや》いたっていい。その所作で感謝の思いが広がるのです。姿勢もピシッとしたものになるはず。料理にかがみ込むようにしたり、足を組んだり、テーブルに肘をついたり……なんてことはできませんね。

禅の修行中は精進料理ですから、動物や魚はいっさい食べません。これはできるだけ殺生をしない、という意味からです。青菜や根菜などの植物は、根絶やしにしないかぎり、命は失われず、また、再生します。ところが、動物や魚の命はいったん失われたら二度と甦ることはありません。そのことに思いを致せば、「いただきます」をいうことの大切さが、いっそう強く実感されるのではないでしょうか。

食べる行為を修行として重んじている禅では、その食事作法として**「五観《ごかん》の偈《げ》」**を定めています。その偈の大まかな意味は次のようなことになります。

一、たくさんの人の働きで、今この食事があることに感謝しながらいただく

二、このありがたい食事をいただいていい自分なのか、おこないを反省していただく

三、貪《むさぼ》りや怒り、愚かな心がないか、問いかけながらいただく
四、体も心も健全に保ち、修行を続けていくための良薬としていただく
五、人間としてより高い人格を磨いていく（成道をなすために）。そのことを思い、合掌していただく

とりわけ、最初の「たくさんの人の働きで……」ということを私たちは忘れがちです。当たり前のように食事ができる、と思っているかもしれませんが、一粒の米が口に入るのは、目には見えない大勢の人の働きのお蔭です。

禅では「一〇〇人の人のお蔭」という言い方をしますが、稲の種籾《たねもみ》をつくる人、苗を育てる人、田植えをする人、草取りをし、肥料を与える人、さらには刈り入れ、脱穀して米を送り出し、流通経路に乗せ、販売……というふうに、**そこにかかわる数えきれないほどの人たちのお蔭が重なって、はじめて私たちは米を食べることができる**のです。

それを思っただけで、食事の所作はおろそかにできません。心がこもったものになるはずです。

美しい
朝の過ごし方
1

早起きをして、縁起よく一日を始める

一日の始まりである朝をどんな形で迎えるか。これは重要なテーマになります。朝寝坊をした朝のことを思い出してみてください。あわてて布団やベッドから飛び起き、寝ぼけまなこで洗顔も歯磨きも、女性ならお化粧も身支度もそこそこに、朝食もとらず、家から飛び出す、というドタバタ劇が展開するのではありませんか？

心に余裕がないから、途中で忘れ物に気づいて引き返さなければいけないかもしれないし、会社にもギリギリに滑り込むことになる。態勢が整わないまま仕事に向かっても、能率が上がるわけもありません。早朝に会議でもあったら、ロクな発言もできず、一人だけ蚊帳《かや》の外。「会議があることは前からわかっているじゃないか。会議のときくらいしっかり準備をしておけよ」。そんな苦言も聞こえてきそうです。

すべての因は朝寝坊にあります。そこに悪い縁が生じ、結果が悪く出てしまう。悪循環のなかで一日が過ぎていくことになるわけです。そして、一日の終わりに嘆きが口をついて出る。「あぁ、今日は縁起の悪い一日だったなぁ」。

その因を変える。つまり、**朝早起きをするとそこにはよい縁が生じます。**出かけるまでの時間に余裕があるから、身支度もゆったりできるし、朝食もしっかりとれます。朝食の準備のために動くことで体もめざめ、脳も活発に働き始めるでしょう。

食後のお茶やコーヒーを楽しみながら、スッキリした頭で新聞に目を通せば、新しい情報が見つかるかもしれない。また、仕事のアイディアが浮かぶことだってある。通勤電車のなかでは、会議に備えて発言しようと思う内容を再確認したり、論理の展開の仕方をチェックしたりすることもできるのです。

朝を「しまった、どうしよう」から始めるのと、「よし、今日も一日頑張ろう」から始めるのとでは、結果の違いはおのずから明らか。仏教でいう**「良因良果、悪因悪果」の理《ことわり》**のなかで私たちは生きています。**その日の自分を整える、一日を美しく生きるためのカギは、朝が握っています。**

美しい朝の過ごし方 2

朝、五分でいいので、掃除をする

「一掃除《いちそうじ》二《に》信心《しんじん》」。読んで字のごとし、まず、**最初にやるべきことは掃除である、信心はそれがすんでからのことだ**、という意味です。これは禅の思想を象徴する考え方です。仏様に手を合わせたり、坐禅をしたり、お経をあげたりすることよりも、掃除をすることがいちばんだなんて、不思議な気がするかもしれません。

しかし、**掃除をすることはじつは深い意味を持っているのです**。みなさんも掃除をしたあと、綺麗になった部屋のなかに立って、「あぁ、気持ちがいい」と感じたことがあるでしょう。

塵《ちり》や埃《ほこり》がすっかり拭われて、身辺が整うことは、心を整えることに直結しています。

心にも塵や埃がつもります。その代表的なものが悩みや迷い、不安や欲望といったもの。ひと言でいえば煩悩ということになりますが、美しい生き方を邪魔するのがこの煩悩なのです。

一心に掃除をしていると、心の塵や埃が剝がれていきます。やり終えたときの爽快感やさっぱりした気分は、塵や埃が消え去ったからこそ、もたらされるものです。

朝にもっともふさわしいのが、そんな整った心の状態。そこで、朝、五分でいいので掃除をすることを奨めたいのです。その日ごとに掃除をする場所を決めて、今日はキッチンの流し台、明日はレンジ、明後日はトイレ、その次は玄関……というふうにすれば、五分でも十分綺麗にすることができますね。

掃除をしている間は、拭くこと、磨くこと、掃き清めることに専念して、何も考えないことです。一週間とか一〇日単位で主だった箇所の掃除が終わるローテーションを組めば、ひとめぐりすると部屋全体が綺麗になります。

この〝五分掃除〟は続けることが大事です。**部屋を綺麗に保つことは、いつも整った心でいること**。怠ったら、塵や埃はどこからともなく舞い降りてきます。ぜひ、綺麗な習慣を身につけましょう。

美しい
朝の過ごし方
3

朝起きてすぐにテレビをつけない

朝めざめて布団やベッドから起きたら、最初に何をしますか？　さて、あなたはどう答えるでしょうか。もし、統計をとったら「真っ先にテレビをつける」という回答が、かなりのパーセンテージを占めるのではないか、と私は思っています。

ほとんどの人が、番組を観るというより、時計代わりにテレビをつけているのではないでしょうか。画面の隅に表示されている時間をチラチラ確認して、「そろそろ食事をすませなきゃ」「着替えを急がなくちゃ」「あと二分で出ないといつものバスに乗り遅れる」……。毎朝、そんな光景が繰り返されているのではありませんか？

その結果、食事も着替えも、何もかもが〝ながら〟になってしまう。食事を考えてみてください。**「喫茶喫飯」**という禅語（68ページ参照）を紹介しましたが、テレビを観ながらの食事では、食事とひとつになるどころか、間断なく送られてくる切れ切れの情報を、せわしなく〝つまみ食い〟することになる。これでは、ただ機械的に料理を口に運ぶだけの、心ここにあらずの味気ない朝食です。

朝の時間はテレビをオフにしましょう。そして、食事も、着替えも、準備も、朝やるべきことのすべてを丁寧に、心を込めてやってください。すでに早起きが習慣になっていて、時間に余裕があったら、簡単な体操やエクササイズで体を動かしたらどうでしょう。一日の活動の絶好のウォームアップになりますし、いい汗をシャワーで流せば、仕事に向けた完璧な臨戦態勢が整います。どうしても観たい番組がある人は、それらすべてをすませてから、と決めて行動すれば、朝のリズムが乱れることはありません。

実際、**テレビを消して一連の朝の行動をしてみると、テレビをつけたままましているときより、格段に時間が短縮されることに気づくはず**です。

朝の時間がひときわ忙しく感じるのは、ついテレビに意識がとられ、一つひとつの動き、所作が無駄の多い、緩慢なものになっているから。朝は、ダラダラではなく、キビキビが美しい……ですね。

美しい
朝の過ごし方
4

朝、歩く

五分間の朝の掃除とともに、習慣にしていただきたいのが、歩くこと。現代人の日常生活からは、歩く機会が極端に減っています。自宅近くのバス停からバスと電車を乗り継いで会社に到着。駅にはエスカレーターがあるから、ここまでの行程でほとんど歩くことはありません。

会社では一日中デスクワークをこなし、退社後は逆ルートで自宅に戻る。営業関係など、なかには〝足で稼ぐ〟職種もあると思いますが、歩かない毎日を送っている人も多いのではないでしょうか。

歩いて足腰の筋肉をほどよく使うことは健康の要《かなめ》です。整った美しい姿勢も、土台である足腰が弱ってしまってはキープできません。「よし、じゃあ、ウォーキングにトライするぞ。まずはウエアとシューズをそろえないと……」などと意気込まないで、朝、気ままに歩いてみるという感じで散歩を始めませんか？

早朝は一日のなかでいちばん透明感のある時間帯です。そんななかで、**眠りからさめたばかりの体を動かすのはとても気持ちがいい。気づきや発見があるのも歩く楽しさのひとつ**です。

「家からこんなに近いところに公園があったんだ。小さくて気づかなかったけど、花がいっぱい植わっている。季節ごとにどんな花が咲くのか見届けてやろう」

「あっ、朝早くからオープンしている手づくりのパン屋さんがある。知らなかったなぁ。今度一度、買ってみよう」

気づきや発見は、人生の新しい出会いです。「逢花打花、逢月打月（花に逢えば花をたし、月に逢えば月にたす）」という禅語があります。花に逢ったらその花を味わい、月に逢ったらその月をしみじみと感じるのがいい、というのがその意味。そのときどきの出会いをそのまま受け入れて楽しんでしまおう、ということでしょう。そんな気持ちで歩いていると、きっと心が豊かになります。

美しい
朝の過ごし方
5

朝起きたら、窓を開ける

それまでの朝がガラリと変わる簡単な方法があります。起きたら、窓をいっぱいに開けるのです。部屋には前日から引きずってきた空気が澱《よど》んでいます。それをすっかり入れ替えて、朝の新鮮な空気を思い切り吸い込み、部屋と一緒に心も体もリフレッシュしましょう。**ベランダに出てゆっくり深呼吸を三回、四回。体中の空気が新旧交代すると、心も新たになります。**

私の起床時間は五時。最初にするのは本堂をはじめ、客殿や庫裏《くり》などの雨戸を開けて、朝の空気を吸い込むことです。海外や地方に出ているときは別ですが、寺にいるかぎり、毎日がその繰り返しです。

しかし、自然は日々移り変わっています。一日として同じということはありません。その移ろいが全身で感じられます。

「春は花、夏ほととぎす、秋は月、冬雪冴えて、涼しかりけり」

道元禅師が詠《よ》まれた歌です。それぞれ天地いっぱいにそこにあらわれている四季はどれも違った姿をしていますが、比べようもなくみなみごとなまでに清々しい、ということでしょう。**日本ほど四季折々の美しさを実感できる国はありません。朝はそれを感じとる最高の時間**です。

修行中の雲水は**「暁天坐禅《きょうてんざぜん》」**といって、まだ朝が明けきらないうちから坐禅をします。そこから修行の一日が始まるのです。深く息を吸い込み、静かに自然の移ろいを感じながら、心と体を整えてその後の修行に臨むためです。

朝をどう過ごすかで、その日一日はまったく違ったものになります。まさか、「カーテンも開けない日がけっこうある」なんていうことはないと思いますが、そんなずぼら派の一日がどんなものになるかは、容易に想像のつくところ。心も体もゆるみきった無為な時間が過ぎていくのではありませんか？ **朝を大切にする人は一日を大切にする人、そして、人生を一所懸命、大切に生きる人なのです。**

美しい朝の過ごし方 6

朝、一日一回、腹から声を出す

その日の体調、体のコンディションを知ることは、〝いい一日〟を送るうえで欠かせない要素です。それには朝、腹式呼吸をしてお腹から大きな声を出してみることです。

私は朝、本堂内の隅々にまで行き渡るようなつもりでお経をあげますが、第一声で、もうその日のコンディションがわかります。

体調がいいときは自分でも気持ちがいいくらい、力強くお腹の底から響いてくる声が出ます。堂内の空気がふるえるのを感じるほどです。ところが、体調がいまひとつだったり、よくなかったりすると、声がかすれる。

声で体調が確認できると、その日の行動の指針もはっきりします。「体調万全。今日はオーバーワークでも大丈夫だ」「これはちょっと気をつけないといけないぞ。無理をして寝込むようなことになったら大変」といった具合ですね。**声が体調管理の有効なバロメーター**になっているのです。

これは誰にでもいえることですから、朝、一回大きな声を出すようにしてみたらいかがでしょう。興味があれば、仏教の真髄が説かれているとされる「般若心経」などを覚えて、大声で唱えていただきたいところですが、経題を含めわずか二七六文字ほどとはいっても、暗誦するとなると一朝一夕にはいきません。

何か自分の好きな言葉、気に入っている詩の一節などはどうでしょう。誰にでも口にすると元気になる言葉や心に残っているフレーズがあるはず。インターネットで「名言」なんてサイトを一覧すると、相田みつをさんの「つまずいたっていいじゃないか人間だもの」「しあわせはいつもじぶんのこころがきめる」とか、金子みすゞさんの「みんなちがって、みんないい」とか、候補がたくさん見つかると思います。ただ、「おはよう！」「よぉ〜し！」というだけでもいいのです。

体調がわかるだけではなく、お腹から大きな声を出すと、気持ちもスッキリする。明日から、〝一日一声〞実践しましょう。

美しい夜の過ごし方 1

今日のことは、眠る三時間前までにすませる

どんなことに対してもきちんと「けじめ」をつける。それも美しい生き方には必須の条件だと思います。どうにもならないことにいつまでも囚われたりしていると、今自分が本当にやるべきことを見失います。信念や決断力がちっとも感じられない、ウジウジした生き方になってしまう、といっていいでしょう。

自宅の玄関を一歩入ったら、仕事のことはいっさい考えないし、家族にも話さない、というスタイルを貫いている人がいます。けじめのつけ方がうまい人の好例ですが、コツは自分のなかで境界線を設けていることでしょう。つまり、**自宅の玄関を境界線にして、その内と外ではっきり気持ちを切り替えているのです。**けじめをつけて切り替える

から、やるべきことが見え、そこに全力を投じていけるわけです。

これは**空間的な境界線**ですが、**時間的にも境界線を決めておく**のがいいですね。**眠る三時間前を境界線にして、そこでその日は終わらせてしまう。**仕事のミスや人間関係のトラブルがあったとしても、いったんエンドマークを打つのです。逆に気分が高揚することやうれしいことがあっても、余韻を引きずらないようにします。

その日を終わらせるけじめの言葉は「今日もいい一日だった！」です。ミスやトラブルがあった日をいい日だなんていえない、とあなたは考えるはずです。しかし、それは違います。**「日日是好日《にちにちこれこうにち》」**という禅語に学んでください。

毎日、毎日、すべてがうまくいって幸せ感で満たされるということなどない。つらい目に遭う日もあれば、寂しい思いをすることもあるでしょう。しかし、それも「好日(いい日)」だと禅語は教えます。**つらさや寂しさも、ほかの誰でもない、その日のあなただけができた経験。**そして、その後二度と味わえないかもしれない経験です。それはいつか必ず、生きる糧《かて》になる。ですから、どんな一日もあなたにとってかけがえのないもの、好日と受けとるべきものなのです。さあ、そろそろ就寝三時間前、一日のけじめを、たった今胸に刻んだ言葉でつけてください。

美しい夜の過ごし方
2

眠る前は、静かに穏やかに過ごす。あなたなりの「夜坐」を

夜、眠る前の時間をどんなふうに過ごしているでしょうか。仕事帰りに会社の同僚や学生時代の友人と酒場に繰り出し、怪気炎を上げているうちにはや終電間近。なんとか自宅にたどり着いて、布団やベッドに倒れ込んだと思ったらあっという間に爆睡……。最近は女性だけが集まる「女子会」という男子禁制の宴《うたげ》も盛んなようですし、たまにはそんな日があってもいいと思いますが、それが眠る前の〝毎日の習慣〟というのでは困ります。

禅の修行の一日は、**「夜坐《やざ》」**という夜の坐禅で終わります。曹洞宗の坐禅は**「只管打坐《しかんたざ》」**といいます。只管《ひたすら》、座る。**何もかも心にとめず、仏様のことさえも忘れて座ること**

を、道元禅師はもっとも尊く、最上の修行としました。

坐禅で姿勢も呼吸も整え、静かな心になって、修行僧は開枕《かいちん》（就眠）に入っていきます。眠る前の過ごし方として理想的な姿でしょう。もちろん、修行中の身ならぬみなさんに、同じようにすべきだなどというつもりはありません。「へぇ〜、そうなんだ」というくらいに受けとめていただければ十分。

ただし、眠る前には、それぞれのやり方で、静かに穏やかに過ごす時間を持つことは必要だと思います。本を読むのもいいでしょう。音楽を聴くのもまたいい。アロマオイルを焚《た》いて、癒やしの香りに包まれるのもいいですね。〝適量〟のアルコールを嗜《たしな》むというのも、まあ、「あり」でしょう。

大切なのは、その時間が「ああ、いいなぁ」と感じられることです。それが、心が静かに落ち着き、穏やかに安定している状態。もちろん、呼吸も整って、体もリラックスしています。

長い時間でなくていいのです。**一五分でも三〇分でも、ただひたすらそのことをしているのが心地よい、と感じるひとときを持ってください。**そんな、あなただけの「夜坐」以上に、一日の締めくくりにふさわしい所作はないと思うのです。

美しい夜の過ごし方 3

同じ時間に眠る

仕事に就いている人も、学校に通っている人も、朝起きる時間はほぼ決まっています。日によって起きる時間がてんでんバラバラということはありませんね。その起床時間から一日のリズムは始まります。

いい状態で朝を迎え、リズムをうまく刻んでいけば、自然に体も心も整った一日が過ごせます。ところが、ひどい夜更かしをして、眠る時間がふだんの半分しかとれなかったとしたらどうでしょう。起きる時間は同じでも、朝のその時点ですでにリズムに乱れが生じています。

「ああ、頭が重い」「体がだるくて仕方がない」「なんだか、今日は会社に行く気がしないなぁ」……。めざめた早々、そんな感じがするのはまさにリズムが乱れている証拠。体も心も整っていないことを物語っています。そこから始まる一日が鬱々《うつうつ》としたものになるのは、いうまでもないでしょう。

眠る時間によって、どんな朝を迎えるかが決まってきます。

禅の修行では起床から就寝まで、一日の行動がこまかく分単位で決められています。たとえば、私が雲水修行をした總持寺《そうじじ》の雲水たちの起床は午前四時、就寝は午後九時。これは厳格に守られます。

心身ともに整った状態で昼間の修行に打ち込むためには、眠る時間、そして起きる時間がつねに一定であることがきわめて大切だからです。

みなさんは眠る時間に、案外、無頓着なのではありませんか？　起床時間と違って、こちらはその日のなりゆきしだい、ということになっていないでしょうか。仕事や人とのつきあいで帰宅時間が遅くなり、眠る時間がズレ込んでしまうのは仕方がないとしても、**できるかぎり、同じ時間に眠る**ように心がけましょう。夜更かしをしても、そのあとまとめて眠れば大丈夫という人がいますが、寝だめはききません。睡眠は帳尻合わせができないのです。

ぼんやりテレビを観ながら、ついウトウト。「あっ、もうこんな時間か。じゃあ、眠るか」。そんな夜とはもう決別してください。

また、眠るときに電気をつけっぱなしにしたり、テレビをつけたまま、音楽をかけたままにする人がいるようですが、**光も音も熟睡を妨げます。**とくにテレビ画面のチラチラした刺激は、眠りの大敵です。

日の出の明るさとともに起き、日が沈んで闇が立ちこめたら、体を休め、静けさのなかで眠りに就く、というのが本来の自然な人間の姿です。**お天道様（太陽）の活動と歩調を合わせた生活リズム**が、私たちの命にとっていちばん望ましいということでしょう。

いい眠りを支えるのが静けさ、そして暗さです。

とくにエネルギーが世界的な課題になっているこの時代、一人ひとりがエネルギーの消費を抑えるエコライフは、地球にやさしい生き方。やさしさはどこかで美しさに通じています。

美しい夜の過ごし方 4

眠る前に心配事はしない

みなさんはこんなふうに思ったことがありませんか？

「どうして夜になると考えごとをしてしまうんだろう。それも、不安や心配なことばかりが頭に浮かんでくる。不思議だな」

たしかに不思議です。仕事の問題でも、人間関係でも、また、恋愛についてでも、あれこれ心配になったり、不安を感じたり、思い悩んだりするのは、決まって夜一人になったとき。

では、考えた結果、どうですか？　これもだいたい同じプロセスをたどって、同じところに行き着きます。ああでもない、こうでもない、と思いをめぐらすうちに、心配や悩みはどんどん深まっていく。不安が不安を呼び、悩みが悩みを増幅させて、悶々として眠れなくなり、〝絶望的〟な気分になる。そうではありませんか？

環境は、私たちの思いや行動に少なからず影響を及ぼします。夜の闇のなかにたった一人でいる。その環境が心理に働きかけて、考えを悲観的な方向にむけるのです。**思いが負のスパイラルに陥る、**といっていいかもしれません。

その証拠に、眠れない夜が明けて朝になると、絶望的に思えたことが、たいがい「なぁんだ、たいしたことじゃないじゃない」ということになる。その**朝の感じ方が、心配事や悩みの正確なレベル**なのです。「へたの考え休むに似たり」という言葉がありますが、それに倣《なら》えば「夜の考えやめるにしかず」です。そのためには心配事の本質、不安の正体を知っておくのがいいですね。

禅の始祖である達磨《だるま》大師とその後継者となった二祖・慧可《えか》大師の間に、次のようなやりとりがあったことが伝わっています。

修行を重ねるなかで、慧可大師はどうしても不安から逃れられないことに悩みます。悩み抜いた挙げ句、どうにもならなくなり、慧可大師は師僧に相談するのです。

「いくら修行をしても、不安でたまりません。なんとかこの不安を取り除いていただけないでしょうか」

　話を聞いた達磨大師はこともなげにこういいます。

「そうか、わかった。すぐにも不安を取り除いて、おまえを安心させてやろう。だから、その不安とやらをここに持っておいで」

　慧可大師は不安を探し求めますが、いくら探しても見つかりません。そこで率直にそのことを師に告げます。

「不安を探したのですが、どこにも見つかりません」

　すると、達磨大師はこういうのです。

「さぁ、おまえの不安は取り除けた。もう、安心できただろう」

　それで慧可大師は得心するのですが、さて、何がわかったのでしょうか。**不安に実体などない**ということに慧可大師は気づいたのです。**不安は自分の心が勝手につくり出しているものにすぎない**。どんなに重くのしかかっているように思えても、心をちょっと変えたら消えてなくなってしまう。それが心配事、不安の正体です。

　夜、不安に心を占領されそうになったら、このエピソードを思い出してください。探したって見つからないんだから、うっちゃっておこう。そう思えますよ、きっと！

美しい身だしなみ 1

着ているものは、あなたの心をあらわしている

「服装は生き方である」。そういったのはフランスのファッションデザイナー、イヴ・サンローランだったでしょうか。事実、自分が選んで着ているものは、生きるポリシーを反映しています。と同時に、服装はそのときどきの自分の心をあらわすものでもある、と思うのです。

たとえば、ビジネスの場面で、「今日は得意先の役員にはじめて挨拶する」というときには、失礼のないように、好感を持って受けとめてもらえるように、こちらのやる気が伝わるように……といったことを考えるはず。それが服装選びにも反映されるのです。デザインはフォーマルに近いもの、色や柄は派手にならずに控えめに、バッグはハンド

バッグよりビジネスバッグで……ということになるわけです。季節はクールビズ真っ盛りでも、ラフで涼しげな服装は選びませんね。男性もこのときばかりは、ふだんは締めないネクタイをきちっと締めていくことになるでしょう。

まさに、**着ているものに心があらわれている**のです。心惹かれる人との初デートに臨むときは、シャープで尖ったデザインのものよりは、温かくてやわらかい雰囲気のするものを選ぶ、ということはありませんか？　そんなときの自分の心をのぞけば、やさしさや素直さを伝えたい、という思いが、きっとあるはずです。

立場を変えて考えれば、**相手はあなたの着ているもので、その心を見てとる**ということです。最近はあえてラフにしたり、ルーズにしたりするのが、おしゃれのトレンドになっているようなところがあります。しかし、だらしない身だしなみをしていたら、たとえ、心には相手に対する誠意があふれていても、それがうまく伝わらないのではないでしょうか。

身だしなみでは、〝心〟と〝着るもの〟が調和しているかどうか、をチェックしてみるといいですね。両者がピタリと合ったとき、そこにはいちばん自分らしい、そのときのあなたがいるに違いありません。

美しい身だしなみ 2

身につけるものは、長く大切に着られるものを選ぶ

身につけるものに関しては、二通りの考え方があると思います。ひとつは、数をたくさんそろえて、できるだけいつも違うファッションにする。もうひとつは、いいものを買って、長く大切に着る。質より量か、量より質か、です。

流行はめまぐるしく変わります。それを追えば必然的に数をたくさん持つことになるでしょう。周囲から「いつも最先端でかっこいい」という声が聞こえるかもしれません。しかし、いったん流行が廃《すた》れれば、それに合わせてズラリとそろえた洋服にも袖を通さなくなる。身につけるもので主張しているのは〝流行〟だからです。

一方、いいものを買う場合には、値段も張りますから、じっくりと吟味することにな

ります。自分に似合うか、どんな自分を演出できるか、すぐに飽きたりはしないか……。さまざまな要素を考え合わせたうえで、買う決断を下すことになる。当然、大切にもするし、一シーズン、二シーズンで着なくなるということもないでしょう。

この場合、主張しているのは〝流行〟ではなく、〝自分自身〟です。自分を主張するにふさわしいものとして選ばれた洋服は、五年、一〇年経っても着続けられる。**流行とは違って、自分が廃れるということはない**からです。

価値観の問題ですから、どちらがよくて、どちらが悪い、ということではありません。ただ、私は、**情報収集してそれに従えば追える〝流行〟を身につけるより、自分自身と向き合って、きちんと考えて洋服を選べる人のほうが、思慮深いし、洋服への敬意もあって、結果的に輝ける**と思います。

「彼女を見ていると一目で今の流行がわかる。歩くファッション誌って感じだね」

「彼女のおしゃれはいつも統一感がある。よく自分のことがわかっていて、うまくそれを出しているね」

評価はそんなふうに分かれるかもしれません。どちらが美しい生き方か、決着はついた気がしませんか？

美しい身だしなみ 3

清潔感とは

お寺や神社にお参りするとき、必ずおこなう所作が「お清め」です。境内にある手水《ちょうず》舎《や》の水で手を洗い、口を濯《すす》ぎますが、これは、神聖な場所、つまり、ご本尊様が安置されているお寺の本堂、ご神体がまつられている神社の本殿への参拝は、お清めによって心身ともに清らかな状態になっておこなわなければいけない、という考え方から生まれた作法。**口と手、すなわち体を清めることが、心を清めることにもなる、**ということが、この作法からもわかります。

身だしなみをこざっぱり清潔にしておくことが大事だということも、体と心がつながっているという、この考え方を知ればよく理解できるのではないでしょうか。**清潔感に**

あふれる人は、心も清々しいという印象を与えます。

高価そうな洋服を着ていても、袖口の汚れがそのままになっていたら、好感度はガクンと下がる。一方、安いものでも、汚れひとつなく、今にも洗剤のにおいが漂ってきそうなシャツだったら、好感度は急上昇です。

「たしかに着ているものは高価みたいだけれど、こまかい気配りができない人なんだ。おそらく、部屋なんかも片づいていないんだろうな」

前者がそんなふうに、暮らしぶりについてまで余計な憶測をされてしまうのに対して、後者はこう受けとられます。

「さわやかだなぁ。ここまで気が回る人ならきっと、他人に対してもこまやかな配慮ができるに決まっている」

この違い、大きいと思いませんか？

身だしなみの美しさの土台になるのは清潔感です。不安定な土台の上に建てた家が、いつ崩れてもおかしくないように、清潔感という土台がしっかりしていないと、いくら飾り立てても、本物の美しさ、清々しさなど感じさせることはできません。まず、土台固めに着手です。

美しい身だしなみ 4

日本人が本来持っている、色の感性を見直す

身だしなみを整えるうえで「色」も重要です。

肌の色と洋服や和服の色は補色関係にあるのではないでしょうか。色の白い人は赤や紺などを着ると映えますし、黒い人は白とか淡色系を着ると引き立つ、といったことがたしかにあります。ふだんから色に敏感になって、「この色は合うかな?」「これはちょっと顔がくすんじゃうかな?」という感じでチェックし、色彩感覚を身につけていくといいですね。

感覚が磨かれると、自分に合う色もわかってきます。ひとつ基調になる色が見つかれば、服や小物もそろえやすくなる。その色とのコーディネイトを考えて選ぶようになる

から、突拍子もない色のものが紛れ込むこともないし、上下の組み合わせを変えるなど着回しも効率的にできるようになります。

禅では衣の色が位をあらわします。もっとも高位にあるのが紫。それも遠目には黒に見えるような濃い紫です。紫の染料は希少、貴重なものだったため、最高位の禅僧にのみ、それを身につけることが許されたのです。紫に次ぐのが、赤みがかった紫、そして、黄色、緋色という順で位分けがされています。

これは私見ですが、色はその地域の天候と深くかかわっている気がします。たとえば、カラッと晴れ、抜けるような青空が広がる日が多い地中海の地域では、原色が映えますし、人々にも好まれます。一方、ヨーロッパも北になると曇天《どんてん》の日が多く、色も自然に黒っぽいものが基調になっているようです。

実際、イタリアやギリシャとデンマーク、スウェーデンとでは、街の色味も人々が身につけている衣類もまったく対照的。アメリカでもニューヨーク、ボストンなどの東部と、ロサンゼルス、サンフランシスコなどの西海岸を比べると、同じようにはっきりした色分けが見られます。

日本は四季があるうえに天候も多彩です。**四季を「青春」「朱（赤）夏」「白秋」「幻**

（黒）冬」と色と関連づけて呼ぶのは、中国の五行説からきたもののようですが、日本人は色に対してきわめて多彩で繊細な感覚を持っています。赤系統の色をとっても、「茜色《あかね》」「臙脂色《えんじ》」「今様色《いまよう》」「柿色」「唐紅《からくれない》」「鴇色《とき》」……など微妙な色の違いによる巧みな表現があります。北原白秋が作詞をした『城ヶ島の雨』という歌曲には、「利休鼠《りきゅうねずみ》の雨がふる」という一節がありますが、利休鼠とは緑がかった灰色のこと。こんな色の表現は世界のどこを探したって見つかりっこありません。誇るべき日本人の感性の豊かさでしょう。

余談が長くなりましたが、**日本人は本来、色に対してきわめて豊かでこまやかな感性を持っている**、ということは胸に置いておくといいのではないでしょうか。そんなところから、色を選ぶとき自然に季節感を思ったり、地域の天候を考えたりするようになったら、人間としてまたひとつ、素敵になっていくのだと思います。

美しい身だしなみ5

TPOをわきまえる

身だしなみと切っても切れないのがTPO（時／場所／場合）です。どれほど隙なく身だしなみを整えても、それがTPOをわきまえないものだったら、周囲から顰蹙《ひんしゅく》を買うのは必至。よく**心技体**といわれますが、**身だしなみでいえば、体は姿勢と所作、技は装い、そして、心に当たるのがわきまえ**だと思います。

そのわきまえが〝危うく〟なりがちなのが、最近では結婚披露宴でしょう。披露宴は参列者にとっても晴れ舞台。おしゃれにも気合いが入るのはわかるのですが、舞台の主役は新郎新婦、あなたは脇役に徹してこそ主役が光るということを、決して忘れてはいけません。

豪華さ、派手さが新婦をしのがないこと。それが鉄則です。新婦が白のウエディングや白無垢《しろむく》を着ることがわかっていたら、白のドレスを控えるのがわきまえというもの。新婦より目立つ白のパーティドレスで会場の注目を集めたりしたら、空気が凍りつくことにもなりかねませんね。

披露宴は絶好の〝婚活のチャンス〟という思いがあるにしても、わきまえの範囲をはずしたのでは、自己アピールとしてもマイナス。仏教に「**利他**《りた》」という言葉があります。他を利する、つまり、**自分のことより他人を思うこと。これがわきまえの根本**でしょう。その利他を実践している姿は人間としての美しさがそのままあらわれている、といっていい。これ以上のアピールはないですね。

葬儀もわきまえが不可欠の場面です。訃報は突然届くものだから、とるものもとりあえず駆けつけたことを示す意味でも、通夜には喪服を着ていかないほうがいい、ということがいわれます。しかし、今は亡くなったその日に通夜がおこなわれることは、ほとんどなくなっています。日を置いて催される通夜であれば、やはり、喪服で身だしなみを整えていくのがわきまえだと思います。

ちなみに、香典袋の文字は薄墨で書くのが正式ですが、通常、その理由とされているのが、墨をすっている間にも故人を悼《いた》む涙がこぼれて、墨を薄めてしまった、というもの。これは間違いです。墨を十分する時間もなくあわてて書いたため、薄墨になってしまった、というのが正しい理由です。

これもわきまえを問われますから、葬儀での挨拶にも触れておきましょう。

「ご愁傷様でございました」が定番ですが、TPOをわきまえていると、違った表現もできそうです。最愛の人を失って遺族が悲嘆にくれているという場合には、「お力落としのこととお悔やみ申し上げます」という言い方がいいかもしれませんし、遺族が長期間、故人の介護で大変な思いをしていた、というケースなら、「十分お世話をなさいましたね」という言葉が、いちばん相手の心を癒やすということもあります。**わきまえには状況を正しく見抜く〝眼力〟も必要**なのです。

冠婚葬祭をはじめ、わきまえが問われる場面にはいつ立たされるかわかりません。そのとき迷ったり、**戸惑うことがあったら、根本である「利他」の心を思い出して**ください。それにしたがっていれば大丈夫!

華道の心を知り、花を飾る

部屋のなかに花がある。それだけで生活に変化が訪れます。花には殺伐とした部屋を心なごむ空間にしてくれる力がありますね。花を楽しむという文化は、洋の東西を問わず、古くからあるものですが、その楽しみ方には、東西ではっきりした違いがあるのではないでしょうか。

欧米のフラワーアレンジメントは、色とボリュームを見せることに重きが置かれています。鮮やかな色の花々をたくさんあしらい、そこにゴージャスな世界を展開させる。形はさまざまでも、その点はみな共通していると思います。

日本の生け花は違います。**生け花が表現しているのは「心」**です。自分のために、あるいは、迎えるお客様のために、精いっぱいの思いを込めて花を選び、その命に思いを託す。ひと言でいったら、**思いをのせて命を生ける。**そんな言い方ができるのではないでしょうか。

夏の暑い盛りに誰かを迎えるとき、「少しでも涼しさを感じてもらえたらうれしいな」という気持ちになりませんか？　そこで、一輪の朝顔を竹の一輪挿しに挿して、玄関に置いてみる。涼やかな朝顔の青に目をとめたら、誰でも一瞬暑さを忘れ、人心地がつくものです。そして、迎えてくれた相手の思いを感じて、ふっと心がなごむ。

一人暮らしの休日、出かける予定もなく、手づくり料理で夕食をとる、といったとき、「なんだかちょっと寂しいかも……」という気分に襲われる、ということがあるかもしれません。しかし、料理が並んだテーブルにいちばん好きな花を飾ってみたら、気分はずっと違ったものになると思うのです。

「そういえば、北海道を旅したときに見たスズランは綺麗だったなぁ」など、楽しい思い出がめぐってきて、少し元気になったりする。

ときに花に思いを託したり、花と心を通わせたりする生活、けっこう素敵じゃないですか。

古いものを大切にする

「MOTTAINAI（もったいない）」を地球環境を守る国際語として提唱したのは、ノーベル平和賞を受賞したケニア人女性のワンガリ・マータイさんでした。言葉の発祥地でありながら、大量消費社会にどっぷりつかってしまった現代日本人としては、おおいに耳が痛い、というところではないでしょうか。

使い捨てが当たり前のようになっている今だからこそ、古いものを大切にする心がキラリと光ります。とくに**手づくりのもの**は、古くなって独特の風合いが出てくるものです。木の製品でも、革製品でも、陶器でも、使い込まれて〝いい味〟を出しているものが少なくありませんね。

世界にひとつとして同じものがない、というのも手づくり製品のよさ。木製のものなら形は同じでも木目が一つひとつ違う、陶器はそれぞれ微妙に形が違っています。どれもつくった人の温もりが感じられる。それだけでも大切にする価値は十分にある、と思いませんか？

古いものを大切にするということは、つくった人、使っていた人の心をずっと受けとめていくことです。精魂込めてつくった人の熱い心、大事に使い続けた人の慎ましやかな心が、ものを介してあなたに伝えられるのです。それを受けとめていけば、粗末な扱いなど絶対にできないはずです。

たとえば、友人の家でお茶をご馳走になったとき、友人が自分のお茶を注いだカップについて、こんな話をしたとしたら、どんな印象が残るでしょう。

「このカップ、古めかしいでしょう。じつは祖母が使っていたものなの。祖父との何回目かの結婚記念日に買ったとかで、とっても大事にしていて……。それを私が使っているなんて、不思議な気がする」

直截《ちょくせつ》的な言葉ではないですが、友人の祖母に対する深い愛が感じられて、胸が熱くならないでしょうか。そんな印象が残せる人に、ぜひ、なってください。

過去のことは悔やまない。将来のことを不安に思わない

「あのときこうしていたら、もっと違った結果になっていたはずなのに！」「五年後の自分はどうなっているんだろう？　恋人もできないままだったらどうしよう」。ときどき、そんな思いが渦巻くことはありませんか？　過去を悔やみ、将来に不安を抱く。悔恨や不安の中身はともかく、誰にでも経験があることだと思います。

しかし、過ぎ去ってしまったことは、変わりようのない事実です。今になっていくら悔やもうと、取り返しがつかない。やり直すことはできないのです。また、将来どうなるかは、そのときになってみないと、わかりませんね。今、気を揉んでもまったく意味はないのです。

禅に**「即今《そっこん》、当処《とうしょ》、自己《じこ》」**という言葉があります。即今はたった今、当処は自分がいるその場所、自己は自分自身、ということです。少し解説すれば、「今やらなければ、いつやるときがくる、今しかないではないか（即今）」「ここでやらなければ、いったいどこでやる。ここしかないではないか（当処）」「自分がやらなければ、誰がやる。自分しかいないではないか（自己）」ということです。

今、自分が置かれている場所、状況のなかで、やるべきことを、自分自身で一所懸命にやる。それが生きていることだ、とこの禅語はいっているのです。

生きている一瞬、一瞬が大切です。過去を振り返ったり、将来を想像したりしている暇はありません。やるべきこと、できることは、今、あなたがいるその瞬間、その場所にしかないのです。

「過去だ」「将来だ」と**〝よそ見〟をしている間にも、人生の時間は確実に流れていってしまいます。今を見つめることを忘れたら、時は空白のまま過ぎていく**――といってもいいでしょう。もったいなくはありませんか？

「放下着《ほうげじゃく》」という禅語は、なにもかも捨ててしまえ、ということです。まさにそれ。過去も将来も放っておけばいいのです。

第四章

所作を整える――〝人や社会と向き合う〟編

あいさつの力を知る

人と人との触れ合いも対話も、あいさつから始まります。もちろん、ビジネス場面でもあいさつは重要。「あいさつもロクにできない」といわれるのは、ビジネスパーソン失格の烙印を押されたに等しい、といっていいと思います。

あいさつは自分から大きな声でする。誰もがわかっているようで、じつはこれがあまり励行されていない。口のなかでもごもご「おはよぉ……」なんていっていることが多いものです。打てば響くという言葉がありますが、こちらから気持ちよくあいさつをすれば、相手も気持ちがよくなって、言葉も心も響き合うのです。気持ちがこもっていないと、響きようがない。

あいさつは漢字で「挨拶」と書きますが、これはもともと禅語です。漢字の「挨」も「拶」も〝押し合う〟ということ。禅僧がおたがいに押し問答をするなかで、心のなかを推しはかり、相手の悟りの程度を知ろうとする、というのがその本来の意味なのです。このことからも、あいさつが心に働きかけるものだということがわかりますね。

あいさつのポイントがもうひとつあります。それは「形」。**気持ちのいいあいさつの言葉は、形が整うことで所作として完成される**のです。

「和顔《わげん》」というのは、穏やかでやさしい表情のことですが、これがもっとも大事。和顔は言葉にいっそう力を与えます。

対句となっているのが「愛語《あいご》」で、通常は**「和顔愛語《わげんあいご》」**の四字熟語として使われます。穏やかな表情になれば、言葉も自然に相手に対する親愛を感じさせるものになる。言葉はパワーを増すわけです。

形でいえば、**「語先後礼《ごせんごれい》」**という作法を覚えておくといいでしょう。つまり、**相手をきちんと見てまず「おはようございます」の言葉を述べ、そのあとに丁寧に頭を下げる**のです。言葉とお辞儀を同時におこなうより、言葉もはるかによく相手に伝わりますし、所作全体も綺麗。〝ひと味違う〟あいさつになります。

美しい文字を書く

パソコンの普及で、文字を書くことが目に見えて少なくなっています。自他ともに認める〝金釘流《かなくぎりゅう》（自分にしか読めないような悪筆のこと）〟の人には、願ってもない時代到来ということかもしれませんが、手書きの文字はやはり、パソコン打ちとは別格です。とくに相手に自分の気持ちを伝えたいときには、手書きと印字された文字ではメッセージ力がまったく違う。**感謝でも、謝罪でも、お願いでも、手書きだからこそ伝わるものがある**のです。

最近は生産者の写真をパッケージに刷り込んだ農産物に人気が集まっています。つくり手の〝顔が見える〟ことで、「丹精込めてつくった」という気持ちが伝わり、消費者の安心感につながっている、ということなのでしょう。

手書き文字も同じだという気がしませんか？　文字を通して、読む人にこちらの顔が見える。だから、気持ちも伝わるのだと思います。

とはいっても、文字を書くのが苦手という人は少なくないはず。しかし、**美しい文字は誰にでも書ける**、と私は思っています。文字の上手《うま》い、下手はあるでしょう。誰にでもお手本のような綺麗な字が書けるわけではありません。

たったひとつ、**誰にでもできるのは「相手のことを思い、心を込めて丁寧に書く」ということ**です。一文字、一文字、丁寧に記された文字は、たとえ下手であっても、美しさを感じませんか？　真摯《しんし》な気持ちがそこに見えませんか？　受けとった人には、必ず、何かが伝わるはずです。

そして、できれば、墨を使うのがいい。「それこそいちばんの苦手」という声が上がるのは承知しています。そのうえで、筆ペンでもいいから墨で書くことを奨めたいのです。私はいろいろな方からたくさんお手紙をいただきますが、そのなかに墨で書いたものが混じっていたら、真っ先にそれから目を通します。目を惹くもの、心惹かれるものを感じるからです。

禅僧の書はとくに「**墨跡**《ぼくせき》」と呼ばれます。それを記したのが師であれば、その方の業績や人格がその〝墨〟の〝跡〟にあらわれている、と考えるからです。師の姿そのもの、人柄そのものが、まるごとあらわれているのが墨跡だといっていいでしょう。

師が亡くなっても、墨跡の前で手を合わせれば、その存在を感じることができます。「いますがごとく」という言葉がありますが、まさしく、そこにいらっしゃるかのように、私たち禅僧は墨跡と接しています。

さきほど、手書き文字は顔が見えるという話をしましたが、**墨で書かれた文字はさらにクッキリとその人の存在が、その人という人間の全体像が見える**、という言い方ができるかもしれません。ここ一番というときに、なんとしても気持ちを伝えたいと思ったら、墨文字の強いメッセージ力を活かしてください。

どんな立場の人にも敬意を持って話す

誰にでも社会的な立場や地位があります。それを認めることは必要ですが、ときとして〝勘違い〟が起きることもあるので、注意しなければいけません。

こんな場面があります。相手が仕事の得意先という場合は、十分な敬意を払い、接し方や話し方も配慮が行き届いたものになるのに、下請け業者になると一変。尊大になったり、態度が不遜になったりする。

立場によって接し方が変わるのです。同じ組織内でも、上司に対してはへつらい、部下は見下す、といったことがあるかもしれませんね。そうした「豹変ぶり」を正当化する論理は、「立場を認めているからだ」というものでしょう。

しかし、これは間違っています。立場を認めるというのはそういうことではないでしょう。それは立場に縛られている、振り回されているだけ。勘違い以外の何ものでもありません。

「**一切衆生**《いっさいしゅじょう》**、悉有仏性**《しつうぶつしょう》」。この世に存在するあらゆるものには、仏性という仏様の命が宿っている、という意味ですが、これが仏教の根本的な考え方です。

誰もかもが、かけがえのない仏様の命をいただいて生きているのです。**立場や地位といったものは、瞬時にして変わります**。たとえば、大企業の部長だ、役員だといっても、リストラされてしまえば、あっという間に〝ただの人〟になるのではありませんか？

立場や地位は、所詮、その程度の脆《もろ》く、儚《はかな》い見せかけの姿でしかないのです。そんなものに縛られるのは愚の骨頂、寂しい生き方だという気がするのですが、あなたはそうは思いませんか？

一方、私たちが仏様の命をいただいている、ということは、状況がどう変わろうと永遠に変わることがありません。世の中にはさまざまな役割がありますから、**どんな役割を担っているかは、人それぞれに違います。しかし、誰もが等しく仏様の命をいただいた存在です**。そのことに気づいたら、勘違いなどしませんね。

目上の人を尊敬する。礼節を知る

「衣食足りて礼節を知る」という言葉があります。中国の古典『管子』に出てくるものですが、生活にある程度の余裕ができて、はじめて礼儀や節度をわきまえられるようになる、というのがその意味です。

景気低迷が長く続いているとはいえ、現在の日本では、着るものや食べるものに事欠く、ということは、まずありません。それどころか、レストランや家庭、そして食品産業から出る食品ゴミは、年間約一九四〇万トンにも及ぶとされています。それほど食べ物を無駄にしている。飽食の時代は変わらず、続いているようです。

そうであるなら、**誰もが礼節をわきまえていて当然**ということになるはず。しかし、実情はどうでしょう。言葉づかいひとつとっても、目上の人に対して礼儀を尽くし、節度を持って接している、とはいいにくいのではありませんか？

キリスト教を日本に伝えたフランシスコ・ザビエルは、日本人の印象をこんなふうに記しています。

「日本人は慎み深く、才能があり、知識欲が旺盛で、道理にしたがい、すぐれた素質がある。盗みの悪習を憎む」

国民がみな礼節を重んじる国柄だったことが窺《うかが》えます。**かつて、礼節は特筆すべき日本人の美徳でした。**ところが、そんな国柄は〝風前の灯火《ともしび》〟という状態になってしまっているのではないでしょうか。

家庭や学校、社会の教育力の低下という問題はあるでしょう。しかし、手をこまねいていては何も変わりません。まず、あなたから美徳を取り戻す努力をしようではありませんか。

目上の人には、年輪を重ねた人生の先輩として、尊敬の念を持って向き合う。そんなに難しいことではないはずです。それは間違いなく「美しい日本人」の一人になっていく道筋になります。

メールではなく、直接話す

今、もっとも頻繁に使われているコミュニケーションのツールはメールです。とくに若い世代はメールに明け暮れている、といっても過言ではないほどですね。

時間にも相手の都合にも関係なく、受信・送信ができるメールは、たしかに便利。私も使います。日頃の連絡事項や、お気遣いに対する感謝、ご様子うかがいなど、その場にいながらどこにいる人にでもすぐ届きますし、マメな気配りを発揮できるのがメールだといっていいでしょう。

ただし、**あくまでメールは道具だという認識は持っていただきたい**のです。

たとえば、何かで失礼をしてしまった相手にお詫びをするというケース。メールに

「失礼をいたしました。申し訳ありません」と打ち込んで送信すれば、それで謝罪の気持ちが伝わるでしょうか。謝罪を受ける側に立って考えてみるとわかります。

「こちらの表情も見ずに（声も聞かずに）一方的に謝られても、納得いかない。本人が〝謝ったんだから〟と自己満足したいだけだろう。これじゃ怒りが収まらない」

道具を介したら誠意は伝わらないのです。「面授《めんじゅ》」という禅語があります。**大切な教えは、師と弟子が直接顔を合わせて授けられるものだ**、ということですが、道元禅師はこの姿勢をとても重んじ、厳しくそれを守るべきことを説いています。

私たちの日常でも、体をそこに運び、顔と顔を向けあうことが大切な場面があります。**謝罪のほかにも、お礼や依頼、相談事**など……。面と向かって気持ちを述べ、深々と頭を下げれば、その**表情や声の調子、所作からも誠意は伝わっていきます。**直接出向けない場合は電話でもいいですね。とくに先方が忙しい方の場合、会う時間をつくってもらうのが難しいこともあるでしょう。そのときは電話で直接話をして誠意を伝えたいものです。

謝罪やお礼は、早いほど誠意が伝わるもの。すぐに足を運べないときは、「申し訳ありません。あらためてお詫びに伺わせていただきます」とメールで伝えることや、お邪魔するる日時を先にメールで調整するのはかまわないと思います。また、面会や電話のときに伝えきれなかったことを後ほどメールでフォローするのはいいことです。要は**メールですませてしまうか、それでよしとしないか。そこに人間の〝差〟があらわれます。**

また、最近社内でのやりとりもメールですますことが多いようですね。同じフロアで、すぐそこに顔が見えて、声を出せば届くのに、あえてメールでやりとりする人が増えていると聞きました。たしかに、連絡事項を大勢のメンバーに一度に伝えたりするときにメールはたいへん便利ですし、記録として残りますから、備忘的な役割もあります。

しかし、その流れの延長で、ちょっとした相談や報告までメールですませるようになってしまっていることに、私は疑問を感じます。上司への報告や希望。部下への注意や依頼事。意見を求める相談。そういったことは、直接話すようにしたいもの。メールだとおたがいの微妙な感情やニュアンスが伝わりませんし、社会で仕事をするというのは「人間」とつきあうことですから、人と人としてのコミュニケーションを大切にしてほしいと思うのです。とくに「いいにくいこと」ほどメールになりがちではないでしょうか。いいにくいことこそ、本来、直接話してお互いの理解を深めるべきなのです。**直接話すのはしんどいことかもしれません。**しかし、**あえてやることで信頼感は高まります。**

感謝の仕方
1

感謝は、感じたときに、すぐに伝える

耳にいちばん心地よく響く言葉といったら、「ありがとう」がその最右翼ではないでしょうか。「ありがとう」といわれて気分を害する人はいませんし、ふっと心があったかくもなる。もっと、もっとその価値を知って、どんどん使ってほしいと思います。

感謝の言葉には伝え方の原則といったものがあるような気がします。**「感じたときに、すぐに伝える」**というのがそれです。タイミングを逸すると、せっかくの思いが色褪せてしまう。「あのぉ、先週はありがとうございました」「先週って、ああ、あの件ね。いまさらお礼だなんて、そんなお気遣いは無用に……」

こんなふうに〝気遣い〟が〝無用〟になってしまうのは、一にも二にも、タイミングが悪いからです。その場で感謝の言葉を伝えていたら、相手も、「お役に立てて何よりです。また、何かありましたら、いつでもおっしゃってくださいね」といった対応になる。気遣いをそのまましっかりと受けとってくれるのです。

よくよく思い返してみると、**日本人は案外、「ありがとう」をいうべきところでいっていない**印象があります。たとえば、海外に行くと、レストランで料理が運ばれてきたら、ほとんどの人が「Thank you」とひと声かけます。ところが、日本では同じ状況で、何もいわなかったり、「どうも……」ですませてしまっていたりする。

頷《うなず》いている人が多いのではないでしょうか。もう、「ありがとう」の出し惜しみをやめませんか？　これは美しい人になるための、すぐれた提案だと私は思っています（自画自賛ですが……）。

レストランでサービスを受けたら、自然に「ありがとうございます」といえる人は、「いい感じだなぁ」と思いませんか？　レストランだけではありません。エレベーターを降りるとき前を開けてくれたら。電話を取り次いでくれたら。ホテルをチェックアウトするとき。タクシーを降りるとき……。さらりと「ありがとう」がいえるあなたに注がれる視線は、いままでよりずっとやさしくて、あったかいものになるはずです。

感謝の仕方
2

感謝は、手紙であらわす

友人や知人から、あるいは、仕事関係の人から、心づくしのものを送っていただくことがあると思います。「感謝はタイミング」ですから、**直接会って伝えられなくても、すぐに電話やメールでお礼をいう**のは、もう、あなたの〝常識〟ですね。お礼のひと言で、相手も「ちゃんと届いたんだな」ということが確認できます。

150ページで「お礼は直接会って伝える」と書きましたが、日頃発生する数々のお礼に全部出向いていたら、タイミングを逃してしまいますから、臨機応変にメールは活用します。しかし、いただきものをしたケースでは、その後手紙でお礼を伝えたいもの。お返しを贈る場合には、品物を選ぶ時間がかかることも考えられますが、いただいてすぐに、まずひと言伝えていれば、そのタイムラグもまったく問題はありません。そして、**お返しには一筆添えるのがいい。**こまやかな心配りを感じさせますし、**丁寧に思いを込めて書かれた文字は、その人の喜んだ笑顔をも届けてくれる**のです。実際、手紙でお礼を伝えてくれた人には、好意が高まるものです。

手紙にはおざなりの感謝の言葉を並べるのではなく、いただいたものについて触れるのが心を伝えるポイント。たとえば、地方の珍しい名産品をいただいたなら、「誰といただいたか」「どんなふうに味わったか」「その地方への印象」など、いただいたものについての感想を、思いのままに率直に綴《つづ》ることで、相手には、こちらがどのような雰囲気でいただいたか、その光景までありありと想像できるのではないでしょうか。

そうすれば、「本当に喜んでもらえているな。贈ってよかった！」と感じるはず。そうしたときに、はじめて「感謝が伝わった」ことになるのです。季節感のあるものをいただいたときには、「一足先に春の訪れを感じています」「この夏の酷暑も乗り切れそうな気がします」「おいしい秋をいただきました」「お心遣いのあたたかさに触れ、寒さがやわらいだ思いです」……などのフレーズを交えるのもいいかもしれませんね。相手の心を摑み、人間関係を深め、豊かにする。感謝にはそんな不思議な力があります。

もてなしとは、もてなす側も、もてなされる側も力量が問われるもの

もてなしの心は、日本の美しい精神風土の「粋《すい》」といってもいいかもしれません。食事やお茶を振る舞うということを超えて、**その時間、その空間のすべてをお客様のために心を尽くす。**それがもてなすということでしょう。

花を飾るということについては、132～133ページでお話ししましたが、季節を感じていただくために花を選ぶことも、もてなしの心のあらわれです。もてなすのが、たとえば、結婚を間近に控えて幸せいっぱいの女性の友人だったら、玄関に桜草をあしらっておくと、粋《いき》だと思いますよ。桜草の花言葉は「長く続く愛情」。「いつまでもお幸せにね」という思いをそれであらわすのです。

また、「近頃の彼女、なんだか元気がないなぁ。なんとか励ましてあげたい」。そんな気持ちからもてなす場合は、紫陽花《あじさい》（元気な女性）を飾ったり、百日紅《さるすべり》（終わりのない友情）がいいですね。飾る花ひとつにも思いを込める。それも大切なもてなしの心です。

ただし、**〝謎解き〟はしないのがもてなしの〝ルール〟**です。玄関で迎えた友人に、「ねえ、これ桜草よ。花言葉は〝長く続く愛情〟。いつまでも幸せな結婚生活を送ってほしくて、これを飾ったの」

といったりするのは無粋というもの。思いをあえて語らない慎ましさも、もてなす側の心得なのです。

もてなされる側が、玄関で桜草に目をとめる。それだけで相手の思いを汲み取って、「ありがとう」とひと言いって微笑む。もてなす側はそれを「わかってくれてうれしい」という意味を込めた軽い会釈で受けとめる。無言のうちに成り立っているそんなコミュニケーションが、もてなしの真骨頂です。

こういったやりとりは、おたがいに懐の深さや奥行きを問われる、つまり、人間としての力量を問われることになりますが、これが禅でいう**「以心伝心《いしんでんしん》」の世界**です。言葉で語らなくても、伝えたいことが心から心に伝わる。禅はそうした世界をとても重要なものと考えます。

「不立文字《ふりゅうもんじ》、教外別伝《きょうげべつでん》」という禅語もあります。真理も悟りも文字になどできない、仏典をいくら読んでも真理や悟りにはたどり着けない――というのがこの禅語の意味。**本当に大切なこと、心の底にある真実の思いは、決して言葉では伝わらない**、ということでしょう。

「やっぱり、禅の世界ってややこしい」

そんな印象を持たれたかもしれませんが、そうややこしいことでもないのです。あなたにも、親しい人の気持ちが、言葉で語られたわけではないのにスーッと心に入ってきた、という経験があるはずです。また、何もいわなくても、相手が自分の思いを受けとめてくれた、と感じたことがあるでしょう。「以心伝心」の世界は手の届かないところにあるわけではありません。

もてなしの究極の姿は、その以心伝心の世界にある。そのことを胸にしまって、忘れないでいてください。すると、〝美しく〟もてなせる人に、きっとなれます。

食事のおもてなし 1

器にふさわしい料理、旬の時期の異なる三品をそろえる

西洋料理と日本の料理との大きな違いは、使う器の種類の多さにあります。西洋料理ではオードブルやスープなど料理によって多少の違いはあっても、ほとんど同じような皿が使われます。これに対して**日本料理は、料理ごとに器の大きさも形も柄も違います。**

懐石料理というのは、禅僧がひもじさに耐えるために、懐に温かい石を抱いたことからその名があるのですが、本来は茶会の際に亭主がお客様をもてなすために供される簡単な料理のことです。

その懐石料理では、飯、汁、お造りなどの向付《むこうづけ》、煮物、焼き物、吸物、酒肴を盛った八寸、湯桶《ゆとう》、香の物などが順に出されますが、どれひとつとして同じ器が使われること

はありません。それぞれの器には、それにふさわしい料理が綺麗に盛られています。

器と料理の、大きさや色合いの調和を考え、器が料理を、また、料理が器を引き立てるような配慮が、日本料理にはなされています。ただ、料理を味わっていただくだけではなく、**器と料理が相まって食事のおもてなしになる**のです。

もちろん、懐石料理並みの器をそろえるのは不可能ですが、その「心」を活かすことはできるのではないでしょうか。食事のおもてなしをするとき、たとえば肉ジャガも、焼き魚も、酢の物も、あり合わせの器に盛るというのではなく、少し工夫を凝らしてみる。肉ジャガは深めの木の椀に、焼き魚は藍の和皿に、酢の物は渋めの色合いの小鉢に、といったようにするだけで、雰囲気はガラリと変わります。

安価なもので十分。もてなされた人は、「大切にされている自分」を感じ、その繊細な心配りを深く心に刻み込みます。「こんな一面があったんだ。いいなぁ！」ということになるはず。

日本料理では「素材」そのものにも、もてなしの秘密があります。旬の素材を七割(六割)、旬が過ぎ去っていく名残の素材を一割五分（二割)、これから旬を迎える素材、すなわち、走りを一割五分（二割）という割合で使う。そうして**旬の時期の異なる三品**

をそろえるのが最高のもてなしとされています。

これは**過去、現在、未来という時間の流れを意識したもの。**食事をしていただく時間は限られています。たとえ、その限られた時間のなかであっても、過去から未来に流れる永遠の時がここにあります、どうぞ、ゆっくりと楽しんでください、という思いがその食材選びには込められているのでしょう。

こうしたもてなしの心の背景にあるのは、**「一期《いちご》一会《いちえ》」**という、禅と縁の深い茶の湯の考え方です。今、あなたと出会っているこの時は、もう二度とめぐってくることのない、たった一度のかけがえのないもの。ですから、ありったけの心を込めておもてなししましょう。それが一期一会です。

食事をもてなす相手は、いつでも会える人かもしれません。しかし、「○月○日、誰々を、どんなふうにもてなした」というその時は絶対に戻ってはきません。「きょうはちょっと疲れ気味だから、適当にやっちゃおう」というもてなしをしたら、その大事な時は〝適当〟に流れていってしまうのです。

いつだって一期一会の心がまえで臨む。それさえあれば大丈夫です。あなたのもてなしは、必ず、相手の心にしみるものになります。

食事のおもてなし 2

季節で器を使い分ける

自然と調和して生きる。それも日本人の賢い知恵、美しい文化だと思います。クッキリと色分けされた四季の移ろいのなかで、日本人はそのときどきの自然と調和し、それを楽しむという生き方をしてきました。

季節によって衣替えをするのはもちろん、春は咲き誇る桜を愛《め》で、夏になったら軒先に風鈴を吊し、窓に葦簀《よしず》を立てかける。秋には目にしみる紅葉を眺めながら、落ち葉をさくさくと踏みしめ、冬は焚き火で暖をとる。どれもが自然と調和している、自然を楽しんでいる姿です。

料理を盛る器にも季節感を取り入れるのが〝日本流〟です。器の柄や素材にしても、春は梅や桜の柄、夏なら涼しげな紫陽花や水玉柄、秋は秋の七草や紅葉柄、冬になったら温もりを感じさせる素朴な焼物、というように使い分ける。日本ならではの食事の楽しみ方ですね。

この美しい文化を生活に取り入れてはいかがでしょうか。季節ごとに器を替えるというのは無理かもしれませんが、**ひとつでも二つでも、何か季節感にあふれる器をそろえる**、ということならできるのではありませんか？

たとえば、江戸切子や薩摩切子のグラスや小鉢をそろえる。伝統の職人技が息づいている器ですから、値段は少し張りますが、あのいかにも涼しそうな風情は、夏の暑さを吹き飛ばすに十分です。

小鉢は使用範囲が広い器ですし、グラスも冷たいお茶を飲むだけでなく、素麺《そうめん》や蕎麦《そば》の猪口《ちょこ》に使っても、野菜スティックをさしても、サマになります。夏ばて防止の常備食として、赤い小梅を入れておくというのも、なかなかセンスを感じさせます。誰かに食事を振る舞うときは、そのとっておきの切子が、もてなしの心を十二分に表現してくれます。「こんな切子でいただくと、涼しさ満喫って感じがするね」。そんな言葉が心地よく寛《くつろ》いだ相手の、感謝の気持ちを語っています。

食事のおもてなし 3

海外からの食事も、日本人に合わせてアレンジする

日本の食で世界から注目を集めているのが出汁《だし》です。以前、日本とフランスの間で食の文化交流がおこなわれ、日本の板前さんたちがパリへ招かれたことがありました。日本チームと現地のシェフのチームが、同じ食材を使ってさまざまな料理をつくり、おたがいに試食をしたのですが、現地チームが日本チームのつくるものでもっとも関心を寄せたのが出汁でした。

たしかに日本の出汁は世界でもひときわ傑出したスープでしょう。外国にもフォン・ド・ヴォーなどの出汁がありますが、日本の出汁ほど繊細でまろやか、しかも〝控えめ〟で守備範囲が広いものはありません。昆布や鰹節《かつおぶし》、鯖節《さばぶし》、椎茸《しいたけ》などの食材を贅沢《ぜいたく》に

使って、その旨味を溶け出させている出汁は、日本の食を支える押しも押されもしない大黒柱といったところではないでしょうか。

昨今、料理をつくる際に自分で出汁をとる人はどのくらいいるのでしょう。出汁のとり方はそれこそ千差万別ですから、それぞれの家によって違います。どこの家庭にも昔から代々伝わる〝わが家の出汁〟があるのだと思います。

それを受け継いでいて、「出汁だけは母からの直伝」といえる人は、素晴らしいと思いませんか？　私なら、**「日本の食文化を守り、しかも、家族の絆《きずな》を大切にしているな」**という印象を持ちます。人間としてのたしかな魅力が感じられる、といってもいいですね。

出汁もそうですが、日本人の食に対する感覚はきわめてすぐれている、と私は思っています。日本に出店している、フランスやイタリアの有名店で、本場の味を楽しむのも、もちろんけっこうですが、日本人に合わせてアレンジすると、また、ひとつ違った味わいが出る。日本式のフランス料理、日本式イタリア料理は、決して〝本場もどき〟ではありません。

日本の食文化に裏打ちされた食感、味覚、嗅覚といったフィルターを通すことで、かえって精度が高まっている、という気がします。好みの問題がありますから、一概にはいえませんが、私は日本式のほうが「うまい！」と感じます。事実、日本に入ってきた本場の味が受け入れられず、アレンジした料理が人気になって定着している、というケースはたくさんあります。「なんとか日本人の舌を満足させる味にしたい」という思いが、もてなしの心につながっているからでしょう。

あなたの手料理も、レシピにいたずらに拘《こだわ》らず、食べていただく人のおいしく食べる顔、喜んでくれている姿を思い浮かべてつくったらいいですね。**「よぉし、喜んでもらうぞ」。それこそ、もてなしの心なのです。**

お茶のおもてなし 1

たかがお茶、されどお茶

ひとつ質問をしましょう。あなたは**お茶をいれる意味について考えたことがありますか？**

「そんなこと考えたこともない」という答えがほとんどのはず。お茶なんてポットから急須にお湯を入れて、茶碗に注ぐだけじゃないか、ということなのでしょう。なかには、ペットボトルのお茶をレンジで温めて終了、という簡便派もいそうです。

茶聖といわれた千利休はこんな言葉を残しています。「茶の湯とは、ただ湯を沸かし、茶を点《た》てて、飲むばかりなるものとこそ知れ」……。ほら、やっぱり！　という声が聞こえてきそうですが、この言葉の意味は深いのです。

たかが、湯を沸かして飲むだけのお茶ですが、これがなかなかできない。されど、お茶なのです。ただ湯を沸かすといっても、薬罐《やかん》に水を入れてコンロにかける、ということではありません。

「ただ」の意味は「ひたすら」ということです。湯を沸かすことに、ただそのことだけに、ひたすら一所懸命になる。急須にお茶の葉を入れることも、急須から茶碗に注ぐことも、同じようにひたすら一所懸命です。

すると、一つひとつに心がこもってきます。沸かすお湯の量はどうするか、お茶の葉はどのくらい入れるのがいいか、どのくらいの時間待つか、茶碗にはどこまで注ぐか……。どれひとつとしておざなりにはならない。

そうしていれたお茶は、飲むとふわっと香りが広がり、温度もちょうど頃合いで、本当においしくいただけるのです。**お茶に込めた心は、飲む人にも伝わります。**「おいしいお茶を召し上がっていただきたい」。その思いが伝わっていくのです。

お茶をいれるなんてあまりに日常的な行為ですから、ついつい心ここにあらずでしてしまうことになりがちです。だからこそ、**「ただ」に徹することが大事。**おいしいお茶、いれてください！

お茶のおもてなし 2

茶道に学ぶ、所作の意義

「流れるような動き」は、所作の美しさを表現する言葉です。 茶の湯の〝お手前〟、つまり、〝作法〟がまさにそれです。一つひとつの動きにまったく無駄がなく、しかも、とどこおるところがない。炉にかかっている茶釜からお湯をすくって茶碗を濯ぎ、ほどよく温まったところで抹茶を入れる。そこにお湯を注いで茶筅《ちゃせん》で点《た》て、お客様にさしだす。すべてがゆるやかな川の流れのように澱《よど》みがないのです。

現在につながる茶の湯を完成したのは千利休ですが、その世界は**「侘《わ》び寂《さ》び」**という言葉で表現されます。さて、この侘び寂びとはどういうことでしょうか。

余計なもの、不必要なもの、をとことん捨てていくこと。 私はそんなふうに理解しています。

捨てきったときにあらわれるのは、自然な姿、ありのままの姿です。茶の湯の作法は「捨てきっているから無駄がない、自然だからとどこおらない」ということではないでしょうか。美しさの理由もそこにあるのだと思います。

このことはあらゆる所作についていえることです。たとえば、大切な人と会うといったとき、「少しでも素敵に見られたい」という思いになったりします。そこで、いつもとは違ってちょっと気どった振る舞いをしてみる。結果はどうでしょう。ぎこちなくなって思わぬ大失敗、ということになるのではありませんか？

〝素敵に……〟という余計な思いがあるから、自然な所作ができなくなって、動きにつまらない無駄が生まれ、ギクシャクしてしまうのです。所作と心が一体だということを、もう一度思い出してください。

禅に**「あるべきものが、あるべきところに、あるべきように、ある」という言葉があります。それが自然ということ**です。いつでもありのままの姿でいる。それ以外に本当のあなたらしい美しさを輝かせる方法はありません。

携帯電話、メール、パソコンとの付き合い方 1

携帯電話に頼りすぎない

現代人の必携品ランキングというものがあったら、間違いなく、携帯電話がトップにランクされるでしょう。それほど携帯電話は生活にピッタリ密着しています。街中でもかけながら歩いている人がやたらに目につきます。話に夢中になっていて、他人にぶつかってもロクに「ごめんなさい」といえない人も少なくありませんね。

しかし、かけている携帯電話のうち、本当に必要なものはどのくらいあるのでしょうか。おそらく、三〇％程度ではないかと思います。七〇％は、不要不急な電話で自分の時間を費やしている、ということです。

しかも、**雑踏でかければ必然的に大声になります。**衆人環視のなかで女性が、「え〜

っ、何ぃ！　よく聞こえないんだけどぉ〜！」と絶叫している図は、はた迷惑なだけではなく、さすがに眉を顰めたくなります。せめて、場所柄はわきまえる。そんなルールを自分のなかでつくったら、人としての「株」の暴落は防げると思うのですが……。

人と人とのつながりを見誤るということも、携帯電話の落とし穴だという気がします。

住所録に登録されている人数の多さを自慢げに語る人がいます。「自分にはこんなにつながっている友人がいる」というわけですが、そのうちたしかな絆で結ばれている人は何人いるのでしょう。暇だからかける相手、かかってきたからただ無駄話をするだけの相手、ほとんどがそんな人だったら、人間関係があまりに寂しい、と思いませんか？

利便性という〝功〟を否定するつもりはありませんが、携帯電話には人間関係を希薄にするという〝罪〟もあります。そのことを頭に入れて、功を上手く使うのが、携帯電話との付き合い方のポイントですね。

作家の渡辺淳一さんは著書『ものの見かた感じかた』（講談社文庫）のなかでこういっています。

「一通の手紙には、十本の電話に勝る優しさがある」

コミュニケーションを携帯電話に頼りすぎる現代社会への警鐘かもしれません。

携帯電話、メール、パソコンとの付き合い方
2

パソコンのデスクトップの整理法

会社でも、自宅でも、自分のデスクまわりには〝個性〟が出るものです。たくさんの資料を使うプロジェクトにかかわっているときでも、デスクが綺麗に片づいている人もいます。一方、現在使っている資料どころか、とっくに終わっている仕事の関連資料まで、山のように積み上がっている人もいます。

「どちらだろうと、仕事の能力には関係ない」

まあ、一応それは認めるにしても、では「能率」はどうでしょうか。こちらには明らかに違いが出ます。デスクがスッキリ整理されていれば、必要な資料や書類はすぐに取り出せます。ところが、乱雑に散らかっていたら、「たしか、この下あたりにあったは

ず。あれっ、ない。じゃあ、どこ……？」となる。この捜索作業は思った以上に時間がかかるものです。能率の点では勝負あり、ですね。

パソコンのデスクトップも同じです。一面をアイコンが埋め尽くしていたら、必要なファイルを探し出すまでが大変。イライラしながらアイコンの小さなタイトル文字を順に追っていかなければならないことにもなります。その間、実際の仕事に着手することができません。

現在かかわっているプロジェクトや手がけている仕事を最優先にする形で、デスクトップの整理に取り組んでみてはいかがでしょうか。**デスクトップ上に残すのは〝現在〟関連のアイコンだけにする。**画面がシンプルになれば、いつでも必要なファイルが開けますし、やるべきことの確認もできます。重要度に違いがあれば、色分けするのもいい。

すでに終了した仕事にかかわるもの、つまり、**〝過去〟関連のものはまとめてフォルダーに移動。**もちろん、過去の資料やデータを見る必要が出てくることも考えられますから、それも探しやすいように、フォルダー内で過去を一カ月単位で区切って、「一カ月前は赤」「二カ月前は青」というふうに色分けしておくといいかもしれません。

できるだけシンプルにする。これは禅的生き方のキーワードでもあります。

苦手な人と付き合う場合の所作

人間同士には相性というものがあります。とくにこれといった明確な理由があるわけではないのに、〝ウマが合わない〟〝ちょっと苦手〟という人が、あなたのまわりにもいるかもしれませんね。

その人と一緒になると、自然に振る舞えない、素直な心が出せない、という状態だったら「けっこうつらい」と感じるでしょう。しかし、それはあなただけではありません。相手もきっと同じような感じを持っているはずです。相手は精いっぱい好意を寄せているのに、こちらは苦手意識しかないという関係はないと思うからです。

美点凝視《びてんぎょうし》という言葉をご存知ですか？　美点、つまり、いい点、すぐれた点だけを見つめるということです。**人間には誰にでも長所もあれば短所もあります。**美点もあれば欠点もある。もしかしたら、苦手だと感じている人については、その短所、欠点ばかりを見てしまっている、ということはないでしょうか。

だから、表情がしかめっ面になったり、「嫌だな」という気持ちが所作にもあらわれてしまう。文字どおり、視線を変えて、美点を見るようにしてみたら、状況はきっと変わります。

「なぁんだ、こんないいところもあったのか」。そんな発見があったら、表情がやわらいで、所作も相手を受け入れようとするものになる。それが相手を変えることはいうまでもないでしょう。もともと理由などないのです。ちょっとしたきっかけがあれば、苦手意識はほどけていきます。

禅語に**「見性成仏《けんしょうじょうぶつ》」**というものがあります。自分のなかの仏性に気づくということですが、**それまで見ようとしなかった相手のいいところを見つけ、それまで受け入れがたいと思っていた相手を受け入れる、**ということも大いなる気づきです。それは人間としてひと皮剝けるということ。あなたのなかの〝苦手なあの人〟も違った姿で映ります。

公共の場面 1

なぜ電車のなかで、化粧や食事がいけないのか？

〝目に余る所作〟をひとつあげるとすれば、電車のなかでお化粧をしたり、ものを食べたりしている場面が思い浮かびます。その姿が周囲に与える印象はこんなものでしょう。

「朝、食事も化粧もできないくらい、ギリギリまで寝ていたんだ。時間管理がなってない生活をしているに決まってる。そもそも、人前で化粧するのを恥ずかしいと思わないなんて！　鏡を見ている自分は見えないけど、その姿を端《はた》で見る人には、〝自分のことしか見えていない恥ずかしい人〟〝化粧中の顔ってみっともない〟としか映らないのに」

女性としての評価、大暴落は確実です。**電車のなかは公共の場です。みんなが譲り合って、その場を不快なものにしない、というのが最低限のルール**のはず。冒頭の所作は不快感をまき散らすものだ、という認識は必要です。

ただし、ご当人たちに一分の理もないことはない。「だって、誰にも迷惑をかけていないじゃない」というのがそれです。男性が大股開きをして座席を二人分占領しているのは迷惑だけれど、ちゃんと一人分の座席におさまっているのだから、何をしようと自由ではないか、というわけです。

では、こう考えてみてください。あなたが憧れている人、魅力的だと感じている人が、電車のなかでやおら鏡を取り出してお化粧を始めたら、さらに、お化粧後にハンバーガーをガブリと頰張ったら、憧れや魅力（美しさといってもいいと思います）は変わりませんか？　ふつうは幻滅を感じるのではないでしょうか。**たった一瞬で、憧れが吹き飛び、美しさが地に落ちる所作がある。**それでも迷惑をかけていないからいい、と開き直っていられますか？

その所作が、美しいか、美しくないか、それを自分のなかの判断基準にするといいのです。長々と話をしている人に思わず舌打ちをしたくなったとき。両手が塞がっていて足でドアを閉めようとしたとき。「これって美しい？」と自問してみる。理屈なんかいりません。問いかけの返答に「Ｎｏ」が出たら、「しない」と決めたらいいのです。

公共の場面
2

高齢者に対してすべきこと

老若男女が〝共に生きる〟。世の中とはそういうものです。**共生**《ともいき》のためにはそれぞれが、自分をわきまえる、ということが必要になってきます。しかし、今はそれが忘れられている。公共の交通機関でお年寄りが前に立っていても、知らんぷりで携帯メールや漫画本に熱中していたり、寝たふりを決め込んだりしている若者がいます。ゆっくりとしか歩けない高齢者が前にいると、露骨に嫌な顔をしたり、押しのけて前に出たりする若年者がいます。どこかゆがんだ風景だと思いませんか？

こんな言葉をご存知でしょうか。「子ども叱るな来た道じゃ、老いを笑うな行く道じゃ」。今は若くてもやがて歳を重ね高齢者になっていく。誰もその必然から逃れることはできません。〝明日はわが身〟の姿がそこにあるのです。

「閑古錐《かんこすい》」という禅語があります。「古錐」は使い込まれて先が丸くなった錐《きり》のこと。先が丸くなった錐は、切っ先鋭い新しい錐のように、簡単に穴をあけることはできませんが、幾多の仕事をこなしてきたことを思わせる刃先や黒光りした胴からは、なんともいえない穏やかで落ち着いた風格が感じられる、というのがこの禅語の意味です。

高齢者の存在とはこの古錐のようなものではないでしょうか。その**高齢者を敬い、大切にするのは、若い世代の当然のわきまえ**です。ただし、こんな意見があるのもたしか。

「席を譲ろうとしても、〝私はまだそんな老人ではない〟という人がいますが……」

実際、老いてますます盛んという高齢者もいます。そういう高齢者にとって、その申し出はありがた迷惑かもしれません。そこで問われるのが心配りです。

「お座りになりませんか?」「こちらいかがですか?」といった言い方で、判断は相手に委ねる。これならプライドを傷つけることはありません。

いずれになっても、その場の空気はほのぼのとするでしょう。高齢者を敬い、大切にするという若い世代のわきまえと、受け入れるにしろ、断るにしろ、感謝の気持ちで申し出を受けとる高齢者のわきまえが、上手に嚙み合っているからです。

公共の場面
3

ゴミをポイと捨てると、そのあと、みんなそこに捨てる

街中でも道路でも、**いつも綺麗に掃除が行き届いているところは、不思議といつまでも汚れない。**ところが、ゴミなどが散らかっている場所は、あとからあとからゴミが捨てられて、ゴミ捨て場のようになってしまう。そういわれたら、「たしかに！」と共感する人は多いのではないでしょうか。

ゴミがひとつも見当たらなかったら、「ここに捨ててはまずい」という気持ちになるのに、ひとつでもあれば、「ま、いいか」と思うのが人間の不思議な心理です。**あなたが捨てたゴミが、ほかのゴミをどんどん呼び寄せる。**そう考えたら、ただちに、「無責任なポイ捨てに〝禁止令〟を発動しよう」ということになるのではないでしょうか。

さらにもう一歩すすみましょう。

ホテルでもレストランでも、あるいはデパートでも、化粧室を利用したときに、洗面台のシンクのまわりを見て、

「あ〜あ、こんなに水びたし。危うく洋服が濡れてしまうところだった」

と感じた経験はありませんか？　たいがいのシンクは、手を洗ったときの水が飛び散ったままになっています。たくさんの人が利用する場所ですから、水滴は次から次にシンクを濡らすことになります。

しかし、あなたが手洗いのあとに使った備え付けのペーパータオルで、水滴を拭っておいたらどうでしょう。その後、水滴がついていない綺麗なシンクを使った人は、自分が飛び散らせた水をそのままにするでしょうか。「あっ、(自分が)濡らしてしまった。ここは(自分で)拭いておかなくちゃ」ということになるとは思いませんか？

そうはならないとしても、まわりに一滴の水滴もついていないシンクは、使っていてすごく気持ちがいい、と思うはずです。わずか数秒もあれば、シンクまわりを拭くことはできます。それが、**次に化粧室を使う見知らぬ誰かを、気持ちよく、幸せな気分にさせる**。そんな所作、いいじゃないですか！

公共の場面
4

タバコは、見えない害

昔に比べて大きく変わったのが喫煙者の環境でしょう。かつては航空機、列車などの交通機関でも、ホテルやレストランなど大勢の人が利用する施設でも、ほとんど自由にタバコを吸うことができました。しかし、現在では航空機は全面禁煙、駅のホームも禁煙、新幹線もほとんど禁煙、さまざまな施設も禁煙または分煙というふうに、喫煙者にとっては厳しい環境となっています。

喫煙者の大ブーイングにもかかわらず、そうした策がとられるようになったのは、**吸わない人にとってタバコは迷惑の極み**だからです。タバコについては副流煙の害が指摘されていますが、それ以前に、あのにおいがタバコ嫌いには耐えられない。たとえば、食事をしているときでも、同じ空間で誰かが一本タバコを吸ったら、たとえ離れていても、確実にわかります。それで食事のおいしさも、楽しみも大きく損なわれるのです。

仏教には**「忘己利他《もうこりた》」**という言葉があります。伝教大師、最澄師がいったものですが、「己を忘れて、他を利するは、慈悲の極みなり」ということ。嚙み砕いていえば、**自分のことはあとまわしにして、まず、他人のことを考え、喜ぶことをするのが、仏様の道にかなった生き方だ**、ということでしょう。

嫌煙権があると同時に喫煙権もある、ということは認められてしかるべきだと思います。煙やにおいが他人に届かない環境でなら、心おきなく紫煙をくゆらせるのもいいでしょう。しかし、周囲に迷惑を被る人がいる可能性があるという場所では、「一本吸いたいな」という自分のことはひとまず措き、まず、他人を思うという姿勢が望まれるのではないでしょうか。

「タバコは完全な愉楽の完全な典型である」といったのは、オスカー・ワイルドだったでしょうか。しかし、たとえ愉楽であったとしても、その愉楽に易々と身を委ねるのと、人のためにグッとそれを抑えるのとでは、どちらが美しい生き方か、考えてみるまでもないのではありませんか？

第五章

禅の心、日本の美しい心を
もっと深く知り、
所作を整える

風呂敷を使おう

風呂敷というと、できもしないことを吹聴する、いわゆる大言壮語の意味で「大風呂敷を広げる」という言い方が頭に浮かぶ人が多いでしょう。しかし、風呂敷は日本の長い歴史を生き抜いてきた伝統文化そのものなのです。

その起源は奈良時代にまでさかのぼり、正倉院にも舞楽の衣装を包む布が所蔵されています。これが風呂敷の原型。当初は衣包《ころもつつみ》、平包《ひらつつみ》と呼ばれていましたが、室町時代中期になって、禅寺で僧侶が入浴のときにこの布で衣を包み、湯上がりには布の上で着衣を整えたことから、風呂敷の名が生まれたとされています。それが室町時代末になって、大名にも広がり、一般に定着したのは江戸時代に入って銭湯が普及し、庶民も同じ使い方をするようになってからといわれています。

今はなんでもバッグや鞄に入れて持つ時代ですが、**風呂敷の包む機能は他に類を見ないほどすぐれています。**たためば、着物の懐やポケットに入るほど小さくなる。広げれば、かなりの大きさ、量のものまで包める。しかも、包むものの形を問わないという変幻自在ぶりです。「水は方円の器にしたがう」という言葉があります。器が四角かろうが、丸かろうが、水は自在に形を変えてそこにおさまる、ということですが、方円の器を包んでしまうのが風呂敷です。

みなさんも、お世話になった人に贈答品を持参するということがあると思います。その際、紙袋からガサゴソと品物を取り出すのが一般的でしょう。ぜひ、風呂敷を復活させてください。丁寧に品物を包んだ風呂敷をほどいて品物を差し出す。その所作は、「あなたのために心を込めて選ばせていただいた品物を、こうして大切に持ってまいりました」という無言のメッセージ。**感謝とともに伝統の香り漂う品位が伝わります。**

ここでちょっとした提案。ワインはそれ自体おしゃれな贈り物ですが、ボトルを綺麗な色の風呂敷でラッピングして、そのまま差し上げるというのはどうでしょう。

さぁ、すぐれた日本文化の継承者にあなたからなりませんか？

手拭いを使おう

風呂敷とともに復活を望みたいのが、手拭い。古くは神仏を清掃する神聖な道具として使われ、**神事を催す際の装身具**でもあったことが知られています。その流れから、今でも各地のお祭りでは、独特の手拭いのかぶり方をしたり、手拭いで鉢巻きをしたりしています。威勢のいい御神輿《おみこし》の担ぎ手に手拭いの鉢巻きは欠かせません。

手拭いがタオルやハンカチと決定的に違うのは、その使い勝手のよさ。用途の広さはまさに独壇場の感です。手を拭う、体を拭くことはもちろん、掃除のときに頭にかぶれば埃よけになりますし、寒かったら首に巻いてマフラー代わりにもなる。お化粧や髪を整えるときに肩にかければ、洋服に汚れがつくこともありませんし、仕事や勉強に取り組むとき、ねじって頭に巻けば気合いも入ります。

今は和風の飲食店に暖簾《のれん》がかかっていますが、あれももともとは手拭いから発展したもの。江戸時代のすし屋台などでは、すしをつまんだ指を帰り際にかかった手拭いで拭くのが習いでした。

草履や下駄の鼻緒が切れたら、その替えにもなりますし、江戸っ子は着流しの肩に手拭いをかけ、粋やいなせを演出していました。こうして見てくると、**手拭いの使い方には、日本人の信仰心や生活の知恵、遊び心といったものが色濃く反映している**ことがわかります。

身近に手拭いがあるということは、そうした日本文化に触れ合って生きること、という言い方もできそうです。手拭いというと「いかにも古めかしい（今風にいえば、ダサい）」と感じるかもしれませんが、それは明らかに認識不足。

デザインも色使いも現代風のファッショナブルな手拭いがたくさん登場しています。東急ハンズやロフトにも手拭いコーナーがありますし、東京の浅草などには専門店もあります。スカーフやバンダナとして使いたくなるようなものが、いくらでも見つかるはずです。見直す価値は十分すぎるほどあります！

打ち水の意味とは

和風の料理屋さんや飲み屋さんの前を通ると、玄関前に綺麗に水が撒かれていることがあります。「打ち水」と呼ばれる作法です。その場を水で清め、万全の態勢を整えてお客様をお迎えしよう、というのが打ち水の意味。塩をこんもりと盛った「盛り塩」をしているところもありますが、どちらも、よろこんでお客様をお迎えしたい、お客様に心地よい時間を過ごしていただきたい、という**もてなしの心をあらわしたもの**です。

水や塩に清める力がある、とするのは、古くからの日本の風習です。お寺や神社に参拝する前に水で手や口を清め、葬儀に参列したあとには塩で身を清める。現代にもそうした身近な形で風習は生きています。

打ち水には、埃が舞うのを防ぎ、夏場は見た目も涼しく、実際の温度も下がるという、実質的な効果もありますから、生活の知恵もそこに反映されているのでしょう。

お茶会やお茶事には打ち水が欠かせません。主催者である亭主は準備万端が整ったことを確認したうえで、露地や玄関に打ち水をします。招かれた側は打ち水がされているのを見て、その家に入っていきます。わざわざ亭主とお客様との間で、「さあ、お越しください」「それではお邪魔いたします」という会話を交わさなくても、打ち水がその呼吸を合わせてくれる。まさに打ち水によって「あ・うん」の呼吸が成立するのです。

現代の日常生活では打ち水をする機会はないかもしれません。一軒家なら誰に憚《はばか》ることもなくできますが、マンションやアパートでは苦情の対象になりかねません。しかし、誰かを迎えるときその心は持っていたいものです。**打ち水ができない場合は、三和土《たたき》や上がり口の水拭きをする**だけでも、違います。

また、その人のために選んだスリッパを玄関の上がり口にさりげなく置いておく、辛いものが好きな人なら、ふだん自分は使わなくてもホットな香辛料を用意する……。そんな**あなただけの〝打ち水〟**を工夫すると、おもてなしがいっそう楽しくなりますよ。

割り箸が最高のおもてなしである理由

日本独特の食文化のひとつが「割り箸」です。これも、もてなしの心が形になったものといっていいでしょう。**食事でおもてなしするお客様に、誰も使っていない真新しい箸を準備する。**割り箸の意味はそこにあります。

途中まで割ってあるのは、手間をおかけしないため。そして、最後にお客様自身が割ることで、それが〝未使用〟〝清潔〟であることが、お客様におのずから伝わるというわけです。

ここにも**「語らずに通い合う心」**があります。ただ、手元に置かれているだけの割り箸が、「あなたのために新しいお箸を準備させていただきました」「お心遣いありがとうございます」というコミュニケーションにもなっているのです。あらためて、ひとつの行動、所作に込められた深い意味、日本の文化のすごさを見る思いがするのですが、みなさんはいかがでしょうか。

ちなみに、割り箸が使われるようになったのは、江戸や大坂、京都などの大都市で庶民が飲食店を利用するようになった江戸時代中期だといわれます。もっとも使用頻度が高かったのは鰻屋さんだそうです。

割り箸は一回使ったら捨てられるため、森林資源への影響や焼却処分する際のCO_2問題などが取り沙汰されます。そうした問題を無視することはできませんが、もともとは製材するときに出る端材や間伐材をなんとか使おう、という〝もったいない精神〟から生まれたことは知っていていいと思います。それが清らかなもの（清潔）を好む日本人の価値観、箸一本にまで気配りをして相手をもてなしたい、という日本人の思いと合致して、文化として定着したということでしょう。

そんな割り箸の成り立ちを知ると、「○○寿司」と書いてある出前についてきた割り箸や、ビニール袋に入ったコンビニの割り箸などは、おもてなしの際はちょっと控えたい、という気持ちになりますね。

月を愛でる。月齢に合わせて生活する

日本人は古来から「月」を楽しみ、愛してきました。建物を建てるときに月を見るための月見台を設《しつら》えるとか、中秋の名月がおさまる位置に窓をつくるとか、月を愛でるためにさまざまなアイディアを駆使してきたのです。

よく知られるのは足利義政が建立した京都の銀閣寺（正式名称は慈照寺）の「向月《こうげつ》台《だい》」。白砂を富士山のような形に盛り固めた向月台とその傍に波のように敷かれた白砂の銀沙灘《ぎんしゃだん》は、月を楽しむための造形の最高傑作といってもいいでしょう。今は亡き芸術家の岡本太郎さんは、「私の発見したよろこびの、もっとも大きなものの一つだった」（『日本の伝統』知恵の森文庫）と、初めて向月台を見たときの感動を綴っています。

禅では月を「真理」に重ねています。「千江同一月《せんこうどういつのつき》」という禅語がありますが、それぞれに違う千の川面に同じひとつの月が映っている、つまり、濁った川面であろうと、澄み切った川面であろうと、そこには分け隔てなく月が映し出される（真理があらわれている）、ということを意味しています。

何も分け隔てしない、誰の命も等しく大切にする、というのが禅の心。ときには月を眺めながら、それを心ゆくまで愛でた日本人の心、そこに真理を見た禅の心に、軽〜く思いを馳せてみてはいかがでしょう。

月の初めを「ついたち」といいますが、漢字で書けば「朔日」。その語源は「月立ち」だといわれています。月が立つとは月があらわれるという意味。月の満ち欠けによって月日を数える旧暦では、新月があらわれる日をその月の最初の日としていたわけです。月は私たちの生活とも深く結びついていたのです。

今、月の満ち欠けが書き込まれた「月齢カレンダー」がひそかなブームになっているようです。「おっ、今夜は満月か！　寄り道しないで帰って、ベランダからお月見しよう」。忙しい日々のなかにそんな時間があると、気持ちが穏やかになるような気がするのです。一度、試してみませんか？

家族との時間を大切にする。できれば、三世代一緒に暮らす

人が決して一人では生きていないことは誰にでもわかっています。誰もが人とのつながりのなかで生きている。その最小単位は家族です。禅語に「**露**《ろ》」という言葉がありますが、私はこれが家族の関係の基本だと思っています。**すべてが露**《あら》**わになって、どこにも隠すところがない**。それが露ということです。

自分を飾り立てたり、大きく見せようとしたり、あるいは、必要以上にへりくだったり、おもねったり……。世間の付き合いでは、ともすると顔をのぞかせそうになる、そんな自分ではなく、**ありのままで、裸の心で、向き合えるのが、家族というもの**ではないでしょうか。しかし、家族は今、音を立てて崩れかけているように見えます。

そんな今だからこそ、家族との時間を大切にすることを、提案したいと思います。ふだんはすれ違っていてもいいですから、週に一度くらい家族全員で食卓を囲む時間を持ったらいかがでしょう。そこは家族ですから、一緒に食事をすれば、会話は生まれるものです。なにげない会話、他愛ない会話からでも、「ああ、そんなことしているんだ」という、そのときどきのおたがいの姿が見えてくる。それは人とつながっている自分を確認することでもあります。**人が生きるということの〝原点〟に立ち戻ること、**といってもいいですね。そこから、家族の絆を肌で感じ、それを確固としたものにしていくことの大切さに気づくまで、そんなに遠い距離ではありません。

東日本大震災が掘り起こした絆の美しさ。それが日本の津々浦々にまで広がっていくかどうかは、まず、一人ひとりが家族との絆を取り戻す努力をする、ということにかかっている、と私は思っています。

できれば、三世代が一緒に暮らす。それが家族の理想だという気がします。かつての日本では祖父母、両親、子どもの三世代が、共に生活するのが当たり前でした。両親が働いて家計を支え、隠居した祖父母が孫の面倒をみる。

その家族関係のなかで、孫の世代は折々に、祖父母から昔話を聞き、その土地に伝わる遊びを教わり、人としての振る舞い方を学んでいきました。ふつうに日々の生活を送りながら、ごく自然に、地域の伝統や習俗、その家の家風のようなものや家の歴史、生き方の基本、といったことが世代を貫いて伝えられていったのです。

長幼《ちょうよう》の序のわきまえとか、他人への思いやりとか、慎み深さとか……。そうした**日本人が祖先から営々と受け継いできた美徳**は、あえて言挙《ことあ》げするまでもなく、育ちのプロセスで醸成されていった、といってもいいと思います。そんなしくみが家族にはあったのです。

翻《ひるがえ》って今、核家族化がますます加速し、三世代はおろか二世代同居というのも珍しいのが実情です。首都圏に人口が、とりわけ若い世代の人口が集中していること、そのこととの関連もあって、住宅事情が厳しいこと、など問題は山積していますが、家族が持っていた日本人らしさを代々伝えていく〝しくみ〟を易々と手放してしまうのは、とても惜しいという気がします。

三世代が（あるいは二世代でも）、できるだけ近くで暮らすとか、接触する機会を増やすとか、今すぐにでもとりかかれることはあるはず。禅の本分は〝実践〟です。あなたにできることからやってみましょう。

少し高くても愛着の持てるものを買う——が、買い物の極意

あなたは買い物をするとき、じっくり時間をかけて買うかどうかを決めるタイプですか、それともパッと即断するタイプでしょうか。現在のように物があふれかえっている時代には、とりあえず買って、気に入らなかったら、また別のものを買えばいい、と考えている人が多いかもしれません。

しかし、そうして買ったものは扱いがぞんざいになりがちです。管理も杜撰《ずさん》になって、「あれっ、どこに置いたっけ？　まあ、いいや、高いものじゃないし、また買えばいいんだから……」ということにもなるのではありませんか？

もちろん、消耗品やふだん使いの実用品は〝一〇〇円均一〟のショップで間に合わせ

る、というのはいいと思います。ただし、物とのかかわり方がそれ一辺倒では少し寂しい気がするのです。

値段は高くても、思い入れがあるもの、愛着の持てるものがあると、人生が豊かになります。たとえば、欲しくて仕方がなくて、お金を貯めてやっと手に入れた万年筆なら、当然、大事に扱うことになりますし、そうしているうちに、どんどん愛着が湧いてきます。道元禅師は**「他己」**という言葉を使っていますが、**他（物）と己（自分）が一体と思えるようになる**のです。

物というのは、ただあるのでなく、人生に寄り添ってあるのだ、という言い方をしてもいいでしょう。

「彼にはじめて書いた手紙も、それから二年後に婚姻届を書いたのもこの万年筆だった。母子手帳のこの字は、うれしくて思いきり明るいブルーのインクにしたのだった……」

こんなふうに万年筆を見ると、人生の印象的な場面が甦ってくる。物が人生に寄り添って、共に歩んでいる、という気がしませんか？　物がいきいきと人生を彩ってくれるなんて、なんだか豊かだなぁ、と思うのです。一〇〇円ショップを活用するのもおおいにけっこうですが、こんなメリハリもあっていいですね。

「再利用」とは、〝見立て〟をし、別の命を吹き込むこと

茶の湯には**「見立て」**という考え方があります。ひとつのものが壊れても、使い込んですり減っても、それを何か別のものとして使っていく、というのがその意味。いわゆる「再利用」ということですが、**単にものを大事にする、無駄にしない、ということだけではなく、ものに別の命を吹き込み、最後まで生かし切る、**という含みがこの見立てにはあるのです。

私が住職をつとめている横浜の建功寺には竹林があります。竹は間引きが必要ですが、間引きのために切った竹は、そこで命を終えるわけではありません。私は一輪挿しの花器にしたり、萬燈《まんとう》除夜の鐘のときに蠟燭《ろうそく》を入れる燭台として使ったりしています。大地

に根を張る竹としての命はなくなっても、今度は花器として、また、燭台として新たな命が吹き込まれて、生き続けるのです。

最後には焼いて竹炭にして、部屋に置いて飾りとしたり、お檀家さんにさしあげたり、焚き火をして暖をとったりする。そして、燃え残った灰は大地に返って新しい竹の命を育むことになります。

建功寺の竹はこうして、形を変えながら永遠の命を生き続けています。

見立てということを意識すると、ものとのかかわり方が大きく変わります。たとえば、それまでなら、「この柄もデザインも、もう古くさくなっちゃったな」と簞笥の奥にしまいっぱなしになっていたスカーフについても、「ちょっと待てよ。何かに活かせないかしら？」と考えるようになるのです。すると、さまざまな活かし方が浮かんでくる。

既製のブックカバーに貼りつければ、オリジナルができあがりますし、少し手を加えれば、ボックスティッシュのカバーにも、ランチョンマットにも、フォトスタンドの縁飾りにもなります。活かし方は無尽蔵。「何にしようかな」と考えるのも楽しい作業になるに違いありません。

身のまわりのものを、早速、〝見立て〟て命を吹き込みましょう。

無駄を省く・捨てる極意

前項で「見立て」ということについてお話ししましたが、現代人の生活は何から見立てたらいいのか戸惑ってしまうほど、たくさんの物に囲まれている、というのが実情ではないかと思います。わが家には無駄なものなどひとつとしてない、という人は皆無でしょう。そこで、できるかぎり無駄を省いていく、つまり、ものを捨てることも必要になるわけです。

ところが、これがなかなかできない。「捨てられない症候群」という言葉があるくらいですから、どこかに必ずものへの執着があるのが人間というものなのでしょう。自分のなかで一定のルールをつくる。それが捨てる極意です。

たとえば、**三年間一度も使っていないもの、三年間一度も袖を通していない衣類は捨てる、**というルールを決めるのです。これまでの経験を思い出してみてください。三年間使っていなかったものを、再び使ったことがありますか？　三年間着なかった洋服を、また着たことがあるでしょうか。答えは「Ｎｏ」のはずです。

だったら、それらはあなたの生活空間を無駄に占領していることになります。〝捨て方〟はいろいろあります。使ってくれる人、着てくれるという人がいたら、さしあげるというのもそのひとつ。衣類などを集めて、必要としている国や地域に送るボランティア団体などもありますから、そこに寄付するという手もある。フリーマーケットに出すというのも上手い捨て方ですね。

無駄なものがなくなると、生活空間が広がって暮らしが快適になります。**ものを捨てることは執着を捨てることですから、心も軽くなる**はずです。さらに、捨てるには大事なもの（必要なもの）と不要なものを選り分けることが不可欠。その結果、大事なもの（必要なもの）だけが残ることになります。大事なものは大切にするでしょう。そう、**捨てることでものを大切にする生活が自然に実現する**のです。「放てば手に満てり」は道元禅師の言葉。放って（捨てて）満ちるのは、生活の美しさですね……きっと！

日本文化に触れる

美しい人になる、また、美しく生きるうえで必要不可欠なのが、日本文化に触れることでしょう。ここまでお話ししてきたこともすべて、どこかで日本文化に触れることにつながっている、と私はひそかに信じています。

日本文化ほど心を和ませ、癒やし、穏やかにさせてくれるものはありません。手前味噌になって恐縮ですが、**「禅の庭」**などはその最たるものではないでしょうか。石組みと白砂だけで構成された庭は、どこまでも簡素で、しかし、深みと広がりを感じさせます。ですから、いつまで見ていても飽きるということがないのです。

「禅の庭」の前に立ったとき、誰もがその澄み切った静けさに心を打たれるのではないかと思います。

静けさを生み出しているのは「余白」。京都の禅寺・龍安寺の石庭（枯山水）は世界遺産にも登録されているほどの名庭ですが、置かれている石はわずか一五石でしかありません。あとは敷きつめられた白砂と何もない空間、すなわち余白です。その余白が石と響き合って、限りない静けさ、永遠の静寂を醸し出している、という気が私にはします。見ているうちにその静けさが心にしみ入ってくる。

京都や鎌倉には禅寺がたくさんありますし、わざわざそこまで出向かなくても、あなたの近くにもきっとあるはず。折りに触れて訪れ、「禅の庭」の前にしばし佇んでみてはいかがでしょうか。

生きていたら、仕事や人間関係、その他諸々が原因となって心が騒いだり、荒《すさ》んだりすることがあって当然です。大事なのはそれをそのまま放っておかないこと。「禅の庭」はもちろん、書でも絵画でも、あるいは茶の湯でも、何か日本文化に触れて、心を静めてください。

そして、**静かな心で悩みや迷いを吹っ切っていく。**美しい生き方とはそんなことだろう、と私は思っています。

おわりに　――「美しさ」を知る、持つ、生かす

このところ、日本人の所作が年々、それも非常に乱れてきていると感じ、とても気になっていました。大きな時代の流れのなかで、西洋化によるところもあると思いますが、原因はそれだけではなく、個々の権利が非常に尊重されるようになったことも大きな要因かもしれません。

権利の尊重は大変よいことですが、一方で、人々の常識や自制心というものが強く求められる社会でもあります。しかし、行動に権利という旗印ができたことにより、他人に迷惑さえかけなければ何をしてもかまわない、という意識が現代社会に広く行き渡り、日本人の美徳であった慎ましさや謙虚さというものが、急速に失われてしまいました。

その現象は、若者だけではなく、いい大人と思われる年齢の人にまであらわれるようになりました。その乱れた所作を、たとえば電車のなかなどで見たとき、心地よく感じる人は誰一人としていないでしょう。むしろ、目をそらしたくなるような思いに駆られ

るものです。若者であるならばまだしも、美しく身なりを整えた紳士、淑女の振る舞いが乱れているときに幻滅を感じてしまうのは私だけでしょうか。

周囲の人々をいい気持ちにさせる所作がある一方で、その逆に気分を悪くさせてしまう所作というものがあります。これらはちょっとした立ち居振る舞いや、言葉づかい、そして心の表現から、生まれてくるものです。

本書では、人間の心からにじみ出てくる美しい所作についてまとめてみました。これらの所作が身につけば、誰が見ても美しい人となれるのです。

乱れた所作は、まわりから見ていても決して美しいものではありません。美しさとは、顔のつくりや、プロポーション、身につけるものだけではありません。本物の美しさとは、人間そのものの内面からにじみ出てくるものであり、その心に基づく所作が形づくるものではないでしょうか。

このようなことをずっと感じてきたところに、このたび幻冬舎の袖山満一子さんから、本書の執筆依頼を受けました。読者の方々が、本書を読まれ、美しい所作を整えることによって、ご本人が輝き、それによってよりよい縁が結ばれるのであれば……との思いから執筆をおこないました。

毎日、できることから少しずつおこなうように心がけて生活をする。気がついてみるとそれらが、自然と身についているはずです。

本書をいつも身近に置いていただき、ことあるごとに開いてください。開いたページをその日の行動目標にする、というのも一法かもしれません。

また、この度、日本文化の美しさや心配りなどにも触れました。日本が長く築いてきた文化は、言葉では言い尽くせないほど深遠な美しさを持っています。その歴史と心の根本に目を向ければ、今の乱れた所作に痛ましさを感じていただけるでしょうし、所作を整えることが日本人としての誇りにもなるのではないでしょうか。

本書を通して、本当の美しさを知り、持ち、生かしてほしいと思います。いずれにいたしましても、美しい所作の修得を目指す読者の愛読書となることができればこの上のない喜びであります。

合掌

二〇一二年　五月吉日　枡野俊明　建功寺にて

枡野俊明（ますのしゅんみょう）

曹洞宗徳雄山建功寺住職、庭園デザイナー、多摩美術大学環境デザイン学科教授、ブリティッシュ・コロンビア大学特別教授。

玉川大学農学部卒業後、大本山總持寺で修行。禅の庭の創作活動によって、国内外から高い評価を得る。芸術選奨文部大臣新人賞を庭園デザイナーとして初受賞。ドイツ連邦共和国功労勲章功労十字小綬章を受章。二〇〇六年「ニューズウィーク」誌日本版にて、「世界が尊敬する日本人１００人」に選出される。庭園デザイナーとしての主な作品に、カナダ大使館、セルリアンタワー東急ホテル日本庭園など。

著書に、『禅、シンプル生活のすすめ』『禅―シンプル発想術』『人間関係がシンプルになる禅のすすめ』『禅の庭』ほか多数。

禅が教えてくれる

美しい人をつくる「所作」の基本

二〇一二年六月一〇日　第一刷発行
二〇一二年七月三〇日　第七刷発行

著　者　枡野俊明
発行者　見城　徹
発行所　株式会社　幻冬舎
〒一五一-〇〇五一
東京都渋谷区千駄ヶ谷四-九-七
電話　〇三-五四一一-六二一一［編集］
　　　〇三-五四一一-六二二二［営業］
振替　〇〇一二〇-八-七六七六四三

印刷・製本所　中央精版印刷株式会社

検印廃止

ISBN978-4-344-02189-1 C0095
幻冬舎ホームページアドレス http://www.gentosha.co.jp/
この本に関するご意見・ご感想をメールでお寄せいただく場合は、comment@gentosha.co.jpまで。